云南省文物考古研究所田野考古报告 第 22 号

建水苏家坡墓地

云南省文物考古研究所
红河哈尼族彝族自治州文物管理所　编著
建水县文物管理所

上海古籍出版社

图书在版编目(CIP)数据

建水苏家坡墓地 / 云南省文物考古研究所,红河哈尼族彝族自治州文物管理所,建水县文物管理所编著.—上海:上海古籍出版社,2021.6
ISBN 978-7-5325-9996-7

Ⅰ.①建… Ⅱ.①云… ②红… ③建… Ⅲ.①墓葬(考古)—发掘报告—建水县 Ⅳ.①K878.85

中国版本图书馆CIP数据核字(2021)第089886号

建水苏家坡墓地

云南省文物考古研究所
红河哈尼族彝族自治州文物管理所 编著
建水县文物管理所

上海古籍出版社出版发行
(上海瑞金二路272号 邮政编码200020)
(1)网址:www.guji.com.cn
(2)E-mail:guji1 @ guji.com.cn
(3)易文网址:www.ewen.co
上海雅昌艺术印刷有限公司印刷
开本889×1194 1/16 印张7.25 插页39 字数248,000
2021年6月第1版 2021年6月第1次印刷
ISBN 978-7-5325-9996-7
K·3012 定价:188.00元
如有质量问题,请与承印公司联系

目　　录

第一章　绪言 ·· 1
　　第一节　地理环境及历史沿革 ··· 1
　　第二节　工作过程 ··· 3

第二章　墓葬分布、形制及详例 ·· 6
　　第一节　火葬墓 ··· 6
　　第二节　土葬墓 ··· 21
　　第三节　葬具 ·· 22
　　第四节　随葬器物 ·· 75

第三章　墓葬分期 ·· 85

第四章　结语 ·· 87

附表一　典型火葬墓葬具组合及演变 ·· 93

附表二　火葬墓葬具分期表 ·· 94

附表三　火葬墓登记表 ·· 95

后记 ·· 107

插 图 目 录

图一	苏家坡墓地位置示意图	3
图二	布方示意图（一）	4
图三	布方示意图（二）	4
图四	T3地层剖面图	5
图五	T1墓葬平面图	7
图六	T2墓葬平面图	8
图七	T3墓葬平面图	9
图八	T4墓葬平面图	10
图九	T5墓葬平面图	11
图一〇	HZM18平、剖面图	12
图一一	HZM40平、剖面图	12
图一二	HZM62平、剖面图	12
图一三	HZM68平、剖面图	13
图一四	HZM101平、剖面图	13
图一五	HZM226平、剖面图	13
图一六	HZM12平、剖面图	13
图一七	HZM21平、剖面图	13
图一八	HZM33平、剖面图	13
图一九	HZM44平、剖面图	14
图二〇	HZM65平、剖面图	14
图二一	HZM69平、剖面图	14
图二二	HZM75平、剖面图	15
图二三	HZM90平、剖面图	15
图二四	HZM99平、剖面图	15
图二五	HZM107平、剖面图	15
图二六	HZM120平、剖面图	15
图二七	HZM145平、剖面图	15
图二八	HZM160平、剖面图	16
图二九	HZM175平、剖面图	16
图三〇	HZM187平、剖面图	16
图三一	HZM190平、剖面图	16
图三二	HZM220平、剖面图	16
图三三	HZM224平、剖面图	16
图三四	HZM129平、剖面图	17
图三五	HZM9平、剖面图	17
图三六	HZM54平、剖面图	18
图三七	HZM150平、剖面图	18
图三八	HZM155平、剖面图	19
图三九	HZM167平、剖面图	19
图四〇	HZM176平、剖面图	19
图四一	HZM194平、剖面图	19
图四二	HZM212平、剖面图	19
图四三	HZM170平、剖面图	20
图四四	HZM192平、剖面图	20
图四五	HZM209平、剖面图	20
图四六	HZM214平、剖面图	21
图四七	TZM95平、剖面图	21
图四八	A型陶外罐	23
图四九	B型陶外罐	25
图五〇	C型陶外罐	26

图五一	Da型陶外罐	27		图七三	Ca、Cb型侈口陶内罐	55
图五二	Db、Dc型陶外罐	28		图七四	Cc型侈口陶内罐	56
图五三	E、F型陶外罐	29		图七五	Aa型直口陶内罐	57
图五四	G型陶外罐	30		图七六	Ab、Ac型直口陶内罐	58
图五五	H型陶外罐	31		图七七	Ad型直口陶内罐	59
图五六	I型陶外罐	33		图七八	Ae型直口陶内罐	60
图五七	J型陶外罐	34		图七九	Ba、Bb型直口陶内罐	61
图五八	Ka型陶外罐	35		图八〇	Aa型敛口陶内罐	62
图五九	Kb、Kc型陶外罐	36		图八一	Ab、Ac、Ad型敛口陶内罐	63
图六〇	L、M型陶外罐	37		图八二	Ba、Bb型敛口陶内罐	65
图六一	Na型陶外罐	38		图八三	Aa、Ab、Ac型青花瓷罐	67
图六二	Nb、Nc型陶外罐	39		图八四	Aa型青花瓷罐	68
图六三	O、P型陶外罐	41		图八五	B型青花瓷罐	69
图六四	Q型陶外罐	42		图八六	B、C、D型青花瓷罐	70
图六五	R型陶外罐	44		图八七	青釉瓷罐	71
图六六	S、T型陶外罐	46		图八八	青釉瓷钵	73
图六七	U、V、W型陶外罐	47		图八九	青釉瓷瓮	74
图六八	Aa型侈口陶内罐	48		图九〇	随葬釉陶器、陶器	76
图六九	Ab型侈口陶内罐	50		图九一	随葬铜器（一）	78
图七〇	Ac型侈口陶内罐	51		图九二	随葬铜器（二）	80
图七一	Ba、Bb型侈口陶内罐	52		图九三	随葬器物	83
图七二	Bc型侈口陶内罐	53				

彩 版 目 录

彩版一　　墓地远景和发掘场景
彩版二　　工作场景和发掘人员
彩版三　　单人葬（单罐葬）
彩版四　　单人葬（双罐葬）（一）
彩版五　　单人葬（双罐葬）（二）
彩版六　　单人葬（双罐葬）（三）
彩版七　　双人合葬
彩版八　　多人合葬
彩版九　　Aa型陶外罐
彩版一〇　Ab、Ac型陶外罐
彩版一一　Ba、Bb型陶外罐
彩版一二　Ca、Cb型陶外罐
彩版一三　Da型陶外罐
彩版一四　Db、Dc型陶外罐
彩版一五　E、F型陶外罐
彩版一六　Ga、Gb、Gc型陶外罐
彩版一七　Ha、Hb、Ia、Ib型陶外罐
彩版一八　Ic型陶外罐
彩版一九　Ja、Jb型陶外罐
彩版二〇　Ka型陶外罐（一）
彩版二一　Ka型陶外罐（二）
彩版二二　Kb型陶外罐
彩版二三　Kc、L、M型陶外罐
彩版二四　Na型陶外罐
彩版二五　Nb型陶外罐

彩版二六　Nc型陶外罐
彩版二七　Oa、P型陶外罐
彩版二八　Ob、Oc型陶外罐
彩版二九　Qa型陶外罐
彩版三〇　Qa、Qb型陶外罐
彩版三一　Ra型陶外罐
彩版三二　Rb型陶外罐
彩版三三　S型陶外罐
彩版三四　T型陶外罐
彩版三五　U、V、W型陶外罐
彩版三六　Aa型侈口陶内罐
彩版三七　Ab型侈口陶内罐
彩版三八　Ac型侈口陶内罐
彩版三九　Ba、Cb型侈口陶内罐
彩版四〇　Bb型侈口陶内罐
彩版四一　Bc型侈口陶内罐
彩版四二　Ca型侈口陶内罐
彩版四三　Cc型侈口陶内罐
彩版四四　Aa型直口陶内罐
彩版四五　Ab、Ac、Ad型直口陶内罐
彩版四六　Ae型直口陶内罐
彩版四七　Ba、Bb型直口陶内罐
彩版四八　Aa型敛口陶内罐
彩版四九　Ab、Ac、Ad型敛口陶内罐
彩版五〇　Ba、Bb型敛口陶内罐

彩版五一	Aa型青花瓷罐（一）	彩版六一	A、B型青釉瓷瓮
彩版五二	Aa型青花瓷罐（二）	彩版六二	采集陶罐
彩版五三	Aa、Ac型青花瓷罐	彩版六三	随葬釉陶器、陶器
彩版五四	Ab型青花瓷罐	彩版六四	随葬铜器
彩版五五	B型青花瓷罐	彩版六五	随葬铜法轮饰
彩版五六	C、D型青花瓷罐	彩版六六	随葬铜片（一）
彩版五七	Aa、B、C型青釉瓷罐	彩版六七	随葬铜片（二）
彩版五八	Ab型青釉瓷罐（一）	彩版六八	随葬铜钱、铁片、银片
彩版五九	Ab型青釉瓷罐（二）	彩版六九	随葬玛瑙珠、料珠、料管
彩版六〇	A、B、C型青釉瓷钵	彩版七〇	随葬品与烧骨

第一章 绪 言

第一节 地理环境及历史沿革

一、地理环境

建水县位于云南省南部,红河北岸。地处北纬23°12′42″至24°10′32″、东经102°33′18″至103°11′42″之间,北距昆明220公里,东南距红河哈尼族彝族自治州州府——蒙自80公里。县境东西宽58公里,南北长约107公里,面积3 789平方公里。东邻开远市,西与石屏县、弥勒县接壤,北依通海县,南邻元阳县。境内有汉、彝、回、哈尼、傣、苗等多个民族居住。交通四通八达,铁路、公路均成网络,上达昆明,下连河口,十分便利。

建水地处滇东高原南缘,地势南高北低,并由西向东倾斜。南部五老峰为最高点,海拔2 515米;五老峰南至红河谷地的阿土村为最低点,海拔230米。地处两大河流水系的分水岭地区,山地占总面积的92%,坝区仅占8%。境内南北分布有建水、曲江两个盆地,海拔1 300米。境内东西走向的山脉分南北两支,将建水和曲江两个盆地隔开。境内主要河流泸江河、曲江河、塔冲河、南庄河等属南盘江水系,坝头河、玛朗河、龙岔河等属红河水系。建水县属亚热带气候,夏无酷暑,冬无严寒,四季温和,有"天然温室"之称。

建水县核心区域为临安镇,临安镇地处建水县中心,辖县城区及城东南近郊,占地面积为358平方公里。东接面甸镇普雄乡,南靠全县最高峰五老峰,与官厅镇、坡头乡接壤,西邻青龙镇,北望南庄镇。海拔在1 290~2 515米之间,年平均气温18.9℃,年均降雨量968毫米,属东南亚热带季风气候。镇内交通发达,多条公路和玉溪至蒙自铁路在此交汇。临安镇成为建水县的政治、经济、文化中心。

二、历史沿革

建水,古称"步头",又称"巴甸",后称"临安"。燕子洞新石器时代遗址的发现,说明早在距今3 500年前的新石器时代晚期,这里就有了人类的足迹。

战国以前,建水属梁州域,或为梁徼外之地。战国时,楚国庄蹻开滇、王滇之后,属楚地。秦统一后把全国划分为十二个区域,包括建水在内的"西南夷"广大地区属"秦地"。《汉书·地理志》载：秦地之"西南有牂柯、越嶲、益州，皆宜属焉"。汉武帝时，滇王降汉，置益州郡，郡治设在滇池县（今晋宁）；毋掇县为益州郡所辖二十四县之一，今建水县境当在毋掇县范围内，一直延续到东汉。三国时，建水县地为蜀之兴古郡（郡治在今曲靖）毋掇县地。西晋，惟兴古郡改隶属宁州。东晋、南朝的宋、齐时期属宁州梁水县。之后，北朝的西魏和北周相继任命宁州大姓爨氏为刺史统管宁州，后改宁州为南宁州。隋初设南宁州总管府，并设置恭州、协州、昆州归属之，今建水地属昆州所辖。唐为南宁州都督府黎州梁水县；天宝末年（公元756年），南诏王阁逻凤置通海郡都督府并立建水县，故建水县名始于唐天宝末年，至今已有1 200多年历史；元和年间（公元806~820年）筑惠历土城，因"建水"彝语意为"大海"（彝语谓"惠"为"海"，"历"为"大"。故"惠历"即"大海"之意，也即"建水"之彝名）。宋代大理国前期为通海郡都督府建水郡，后期改秀山郡，建水改属秀山郡阿僰部。元初设建水千户，属阿僰万户。至元八年（公元1271年），改阿僰万户归南路总管府辖；至元十三年（公元1276年），云南诸路行中书省正式建立，改南路总管府为临安广西元江宣抚司，置司治于建水；随后又改宣抚司为宣慰司，阿僰万户府改临安路（路治在通海），建水千户改建水州，隶临安路，并置临安、广西、元江等处宣慰司兼管军万户于建水，统辖临安、广西（今泸西）、元江三路以及和泥路、哈迷万户等金齿百夷诸部十余部。明初改云南行省为云南布政使司，置按察使司和都指挥使司，废宣慰司，分地设道，作为三司的派出机构，其中置临元兵备道分署于建水，代辖五府一卫二守御所。洪武十五年（公元1382年），改临安路为临安府，府治由通海移迁建水，建水州原隶属关系不变，州治内增设纳更山、曲江两个巡检司；又于临安府城设临安卫，在唐元和年间原筑土城的基础上，拓地改建砖城，领左、右、前、后、中左五个千户所。临安府及临安卫同属临元兵备道所辖。清代改云南布政使司为云南省，仍袭明制，设临安府于建水州。初，临安府隶永昌道，后改隶分巡迤东道。清乾隆二十四年（公元1759年），增设迤南道（驻普洱城）辖四府，改临安府隶之。三十五年（公元1770年），改建水州为建水县，建水仍为临安府治。光绪十一年（公元1885年），添设临安开广兵备道驻蒙自城，领三府军务，又改临安府隶之。

民国元年（公元1912年）废临安府，改建水县为临安县，次年复名建水县。1921年将县内北部曲江、东山等乡镇划出设立曲溪县。20世纪40年代初，设云南省第三行政区督察专员公署于建水，辖建水、曲溪等九县。

中华人民共和国成立后，建水县属蒙自专员公署所领。1950年，元阳县由建水县分出。1957年红河哈尼族彝族自治州成立，裁蒙自专员公署，建水为州辖县之一，直至现在。1958年撤销曲溪县，其地仍并入建水县。1965年，甸尾乡由石屏县划入。此后的区划沿袭至今。建水县现辖八镇（临安、曲江、西庄、南庄、面甸、官厅、岔科、青龙）、六乡（坡头、普雄、李浩寨、甸尾、利民、盘江），县人民政府驻临安镇。

建水县历史悠久，文物古迹众多。1994年被列为中国历史文化名城和中国重点风景名胜区。

第二节 工作过程

一、发掘经过

苏家坡墓地位于建水县城东北部糖厂东面的缓坡地带（图一）。1998年，墓地遭到盗窃，建水县文物管理所及红河哈尼族彝族自治州文物管理所将情况逐级上报至省文化厅文物处。为保护文物并了解该墓地的文化内涵和价值，由省、州、县组成的联合考古队，于1998年12月至1999年1月，对墓地开展了抢救性发掘工作（彩版一），揭露面积510平方米，共清理墓葬226座，其中火葬墓225座，土葬墓1座。

发掘工作由云南省文物考古研究所、红河哈尼族彝族自治州文物管理所、建水县文物管理所等单位人员组成（彩版二）。先后参加此次发掘工作的有：云南省文物考古研究所康利宏，红河

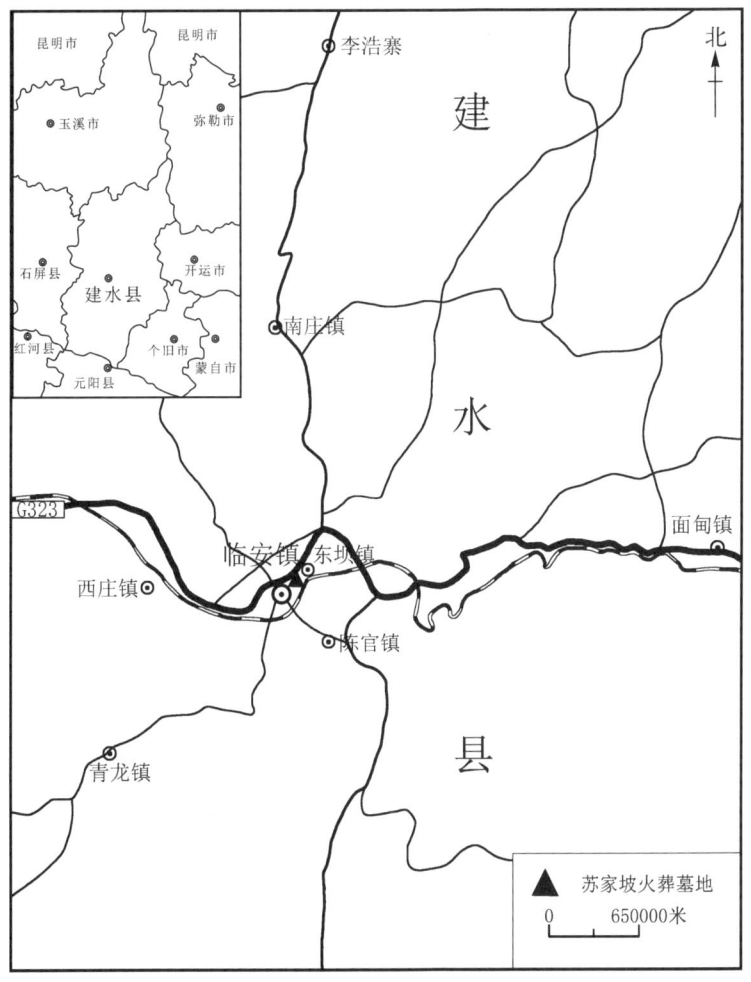

图一 苏家坡墓地位置示意图

哈尼族彝族自治州文物管理所范冕、朱云生、白刊宁、徐怀立、白帆，建水县文物管理所周之林、杨向红、谭早耘，开远市文物管理所白成明，河口县文物管理所王翔，红河县文物管理所李堃肆，元阳县文物管理所何文科。

二、探方分布及地层堆积

采用探方法进行发掘，发掘探方均以正方向布设，在墓地西北坡抢救发掘区域共布设10×10平方米探方四个，分别编号T1、T2、T3、T4，T4在发掘过程中向东扩方1米，发掘面积10×11平方米（图二）。另外，为了解墓地埋藏情况，于墓地山顶南坡距电视天线塔39米处布设10×10平方米探方一个，亦为正方向，编号T5（图三）。

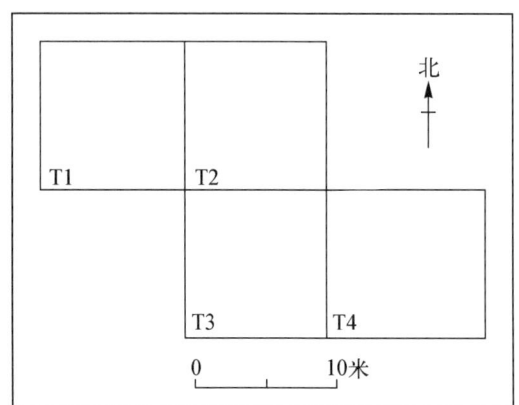

图二 布方示意图（一）

图三 布方示意图（二）

T1至T4地层堆积大体一致。堆积厚薄不一，较为简单，包含物较少。现以T3（图四）为例介绍如下。

T3，第①层：耕土层，灰褐色，土质较疏松，包含炭屑、陶片、瓷片及植物根茎，厚0.2～0.55米。

第②层：黄红色，土质较致密，包含少量炭屑和陶片，厚0.1～0.4米。第②层下即为生土层。

生土层：棕红色，土质致密，纯净。

T5地层堆积亦分为二层，堆积厚薄不一，包含物少。

本次发掘墓葬编号方法为JSSJP-HZM（TZM）加数字序号，其中，JSSJP表示建水苏家坡，HZM表示火葬墓，TZM表示土葬墓，阿拉伯数字代表墓葬序号，如HZM29表示火葬墓29号，TZM95表示土葬墓95号。为节省篇幅，本报告所有墓葬编号均省略JSSJP。

三、整理工作

墓葬资料的整理工作在云南省文物局、云南省文物考古研究所、红河哈尼族彝族自治州文物管理所的支持下，于2014年3月开始，至2014年6

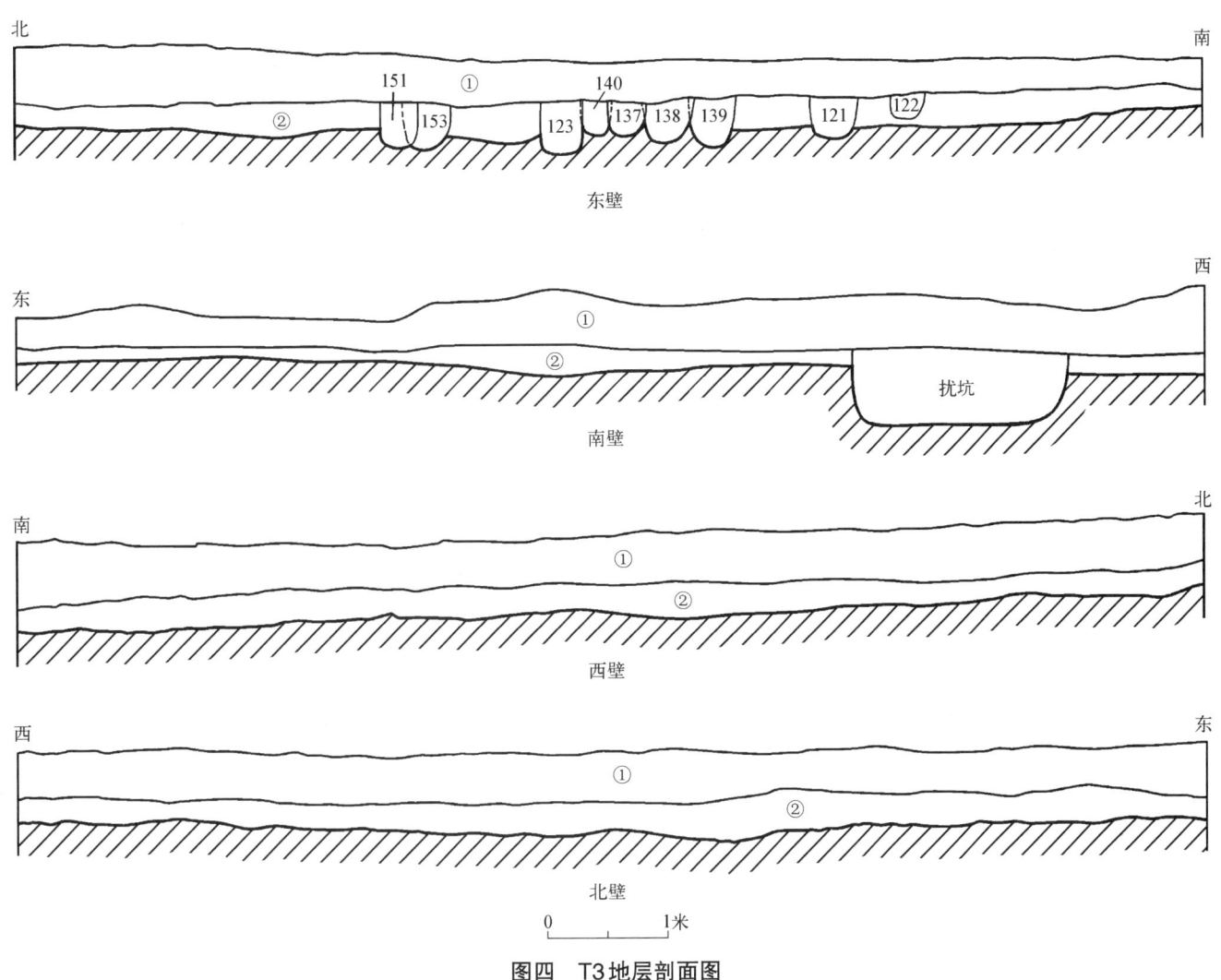

图四　T3地层剖面图

月结束。先后参加整理工作的同志有：康利宏、朱云生、白成明、徐怀立、马莉、李堃肆、白帆、白晓春、杨向红、徐怀海、李红艳、黄斌、肖艳妮、孔晓、孙睿、苏艳萍、甄明等。本报告由康利宏、朱云生、徐怀立、马莉、李红艳执笔。

第二章 墓葬分布、形制及详例

发掘区域共清理墓葬226座,其中火葬墓225座,土葬墓1座。墓葬之间叠压打破关系复杂。

第一节 火 葬 墓

一、分布

火葬墓共计225座,主要分布于T1至T4(图五～图八),T5仅有一座(图九)。发掘墓葬最为集中的区域为T3和T4。

二、填土及包含物

墓坑填土分为一至二层,包含物主要有炭屑、棺钉、陶片等。

三、墓葬形制

从墓坑形制看,墓葬可按平面形状分为圆形竖穴土坑墓、椭圆形竖穴土坑墓、长方形竖穴土坑墓及不规则形竖穴土坑墓四种。圆形竖穴土坑墓为数量最多的一类墓葬,共有164座。墓坑多斜壁内收或为直壁,直径一般在0.4～0.6米之间,深度一般在0.35～0.7米之间。椭圆形竖穴土坑墓共有49座。长方形竖穴土坑墓共有7座。不规则形竖穴土坑墓共有5座。

四、葬式

由于墓地遭到盗窃,形成很多盗坑。在二百多座墓葬中,部分墓葬填土中发现有棺钉,说明部分尸体是同棺木一起焚烧后捡骨而葬。保存较好的烧骨上有的存有朱书梵文,有的贴有金箔(彩版七〇,5、6)。多数墓葬填土中杂有炭屑和骨灰,其间偶见细小的碎骨和棺钉。依据墓葬的埋葬方式(即坑内葬人形式)可分为单人葬、双人合葬和多人合葬三类。

(一) 单人葬

一坑葬一人的墓葬形式。共182座。根据葬具结构的不同可分为单罐葬墓和双重罐葬墓。

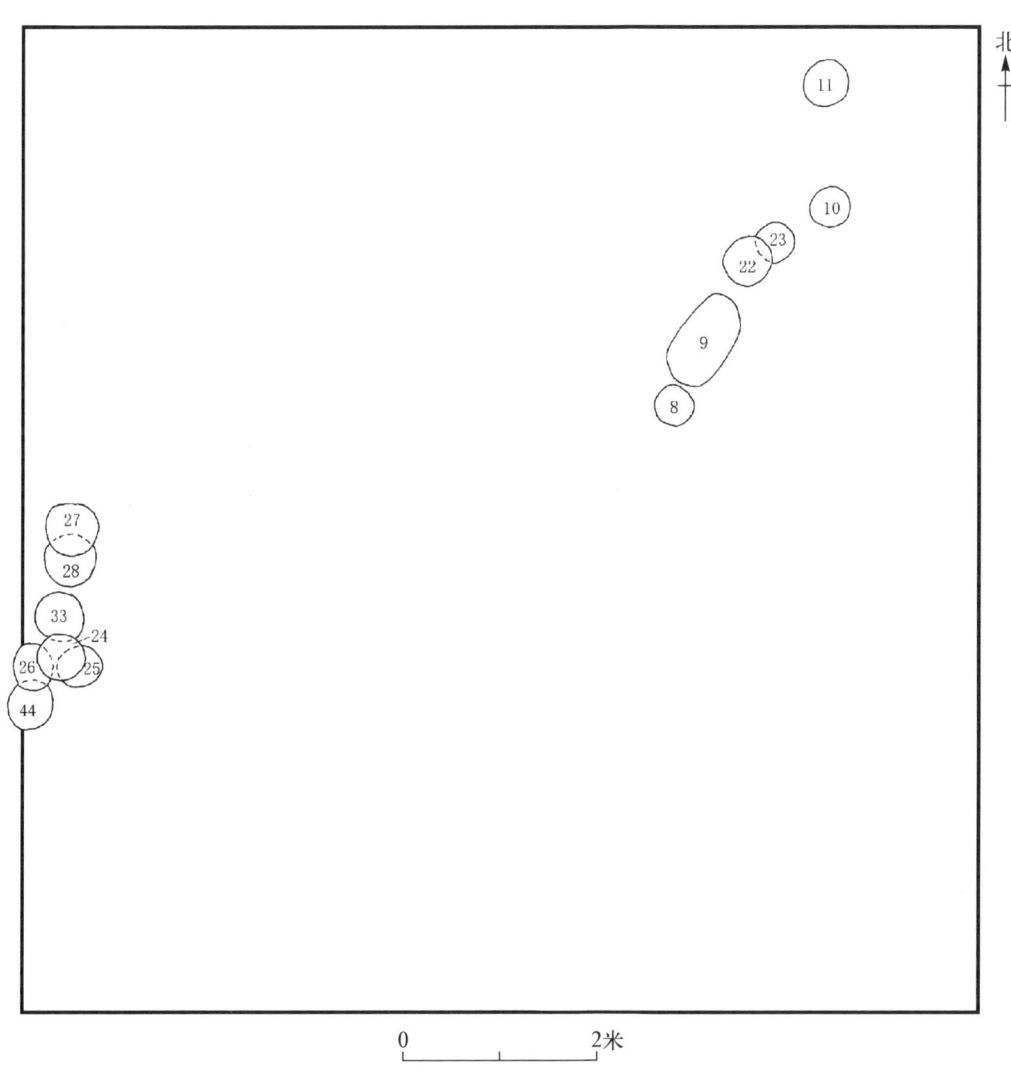

图五　T1 墓葬平面图

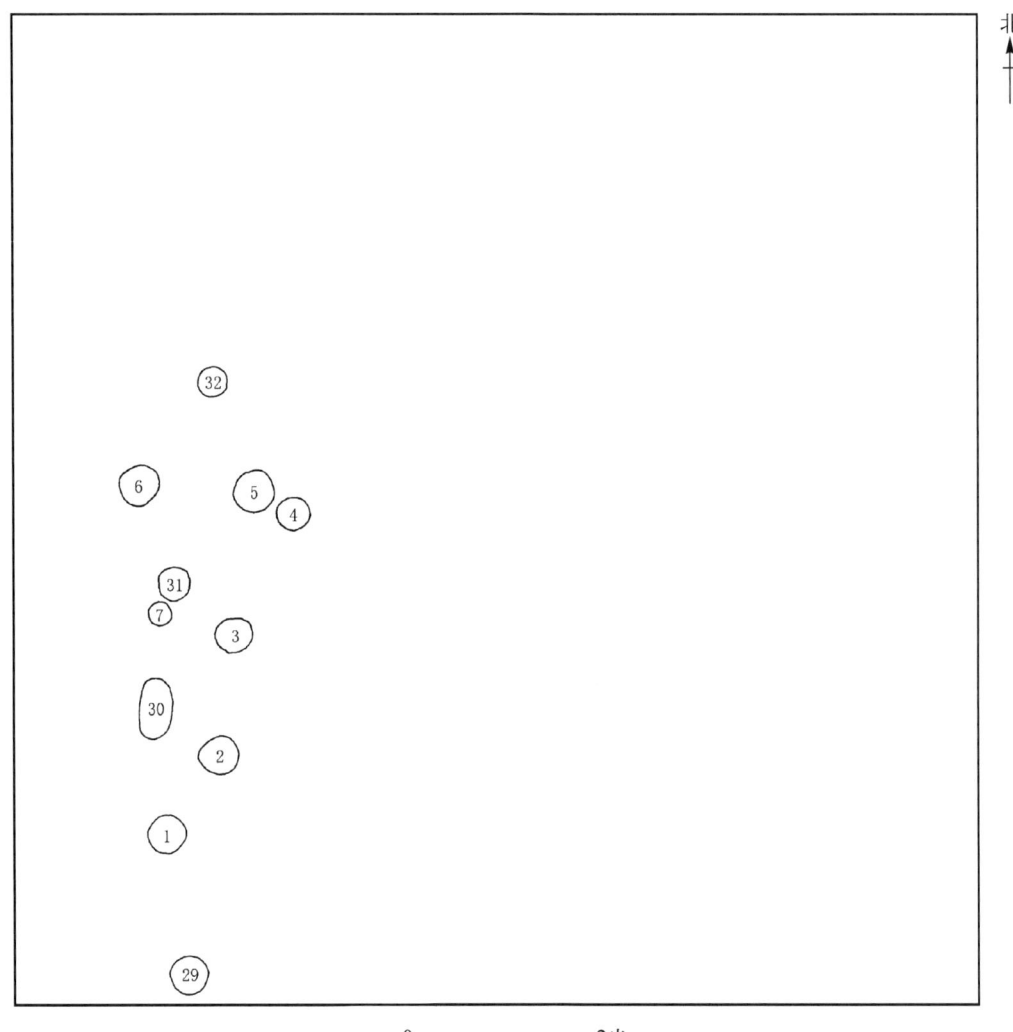

图六　T2墓葬平面图

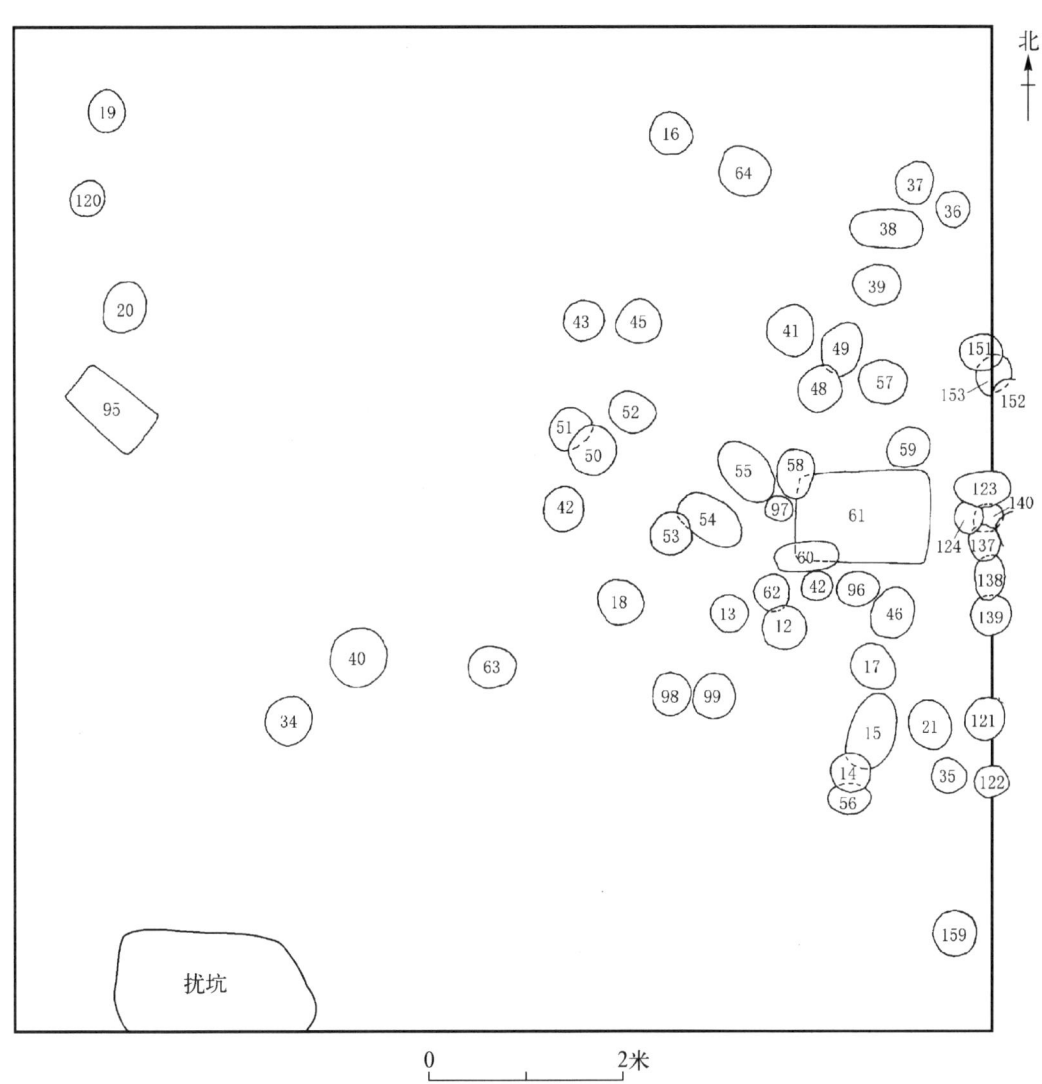

图七 T3墓葬平面图

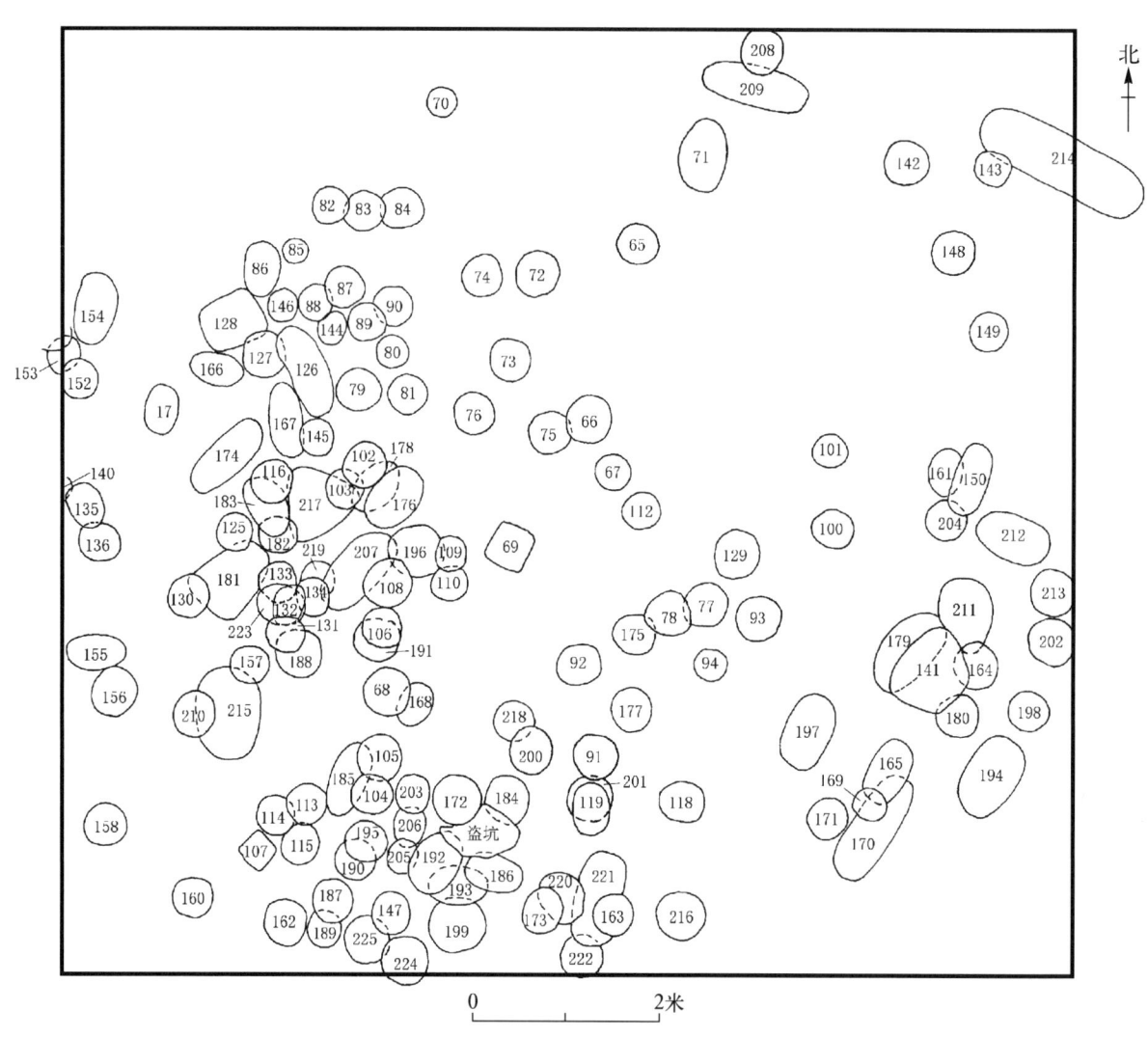

图八　T4墓葬平面图

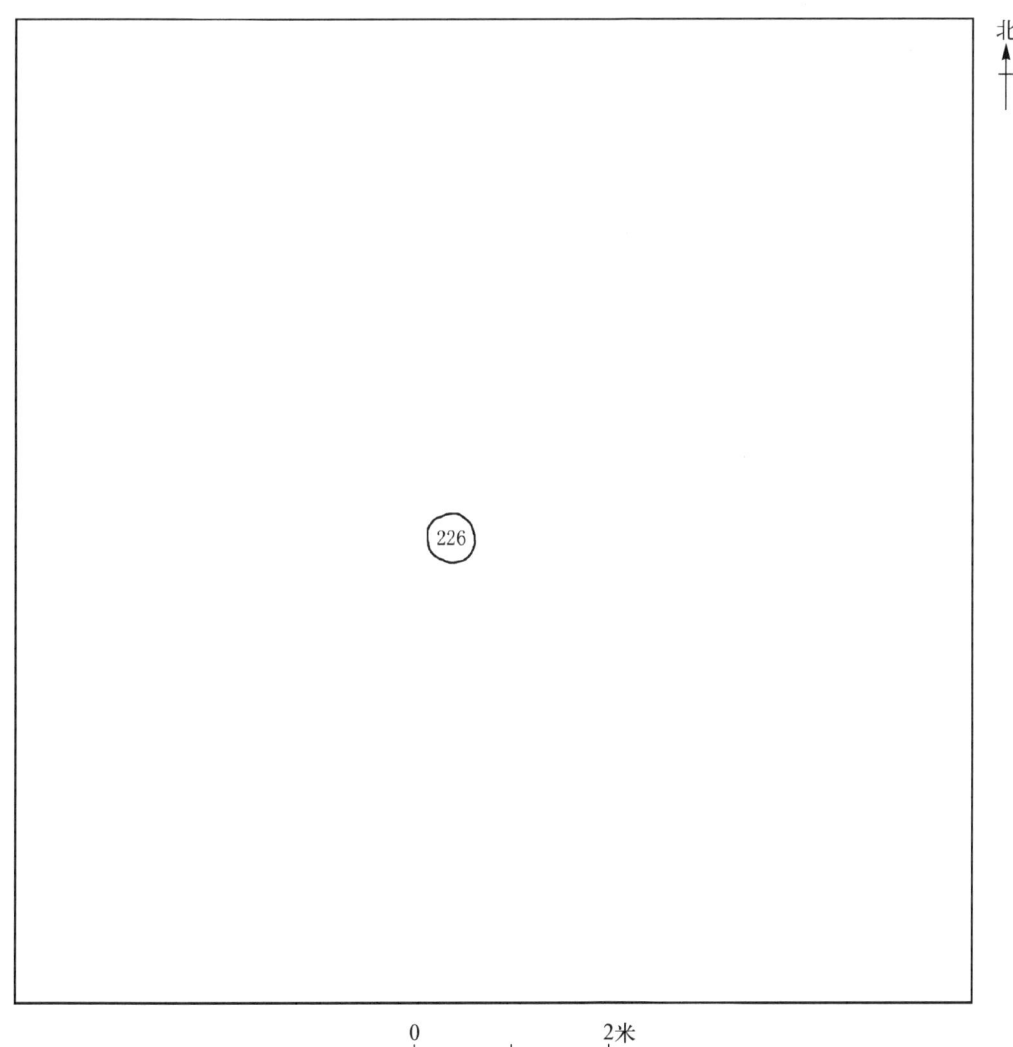

图九　T5墓葬平面图

1. 单罐葬墓

共19座。罐多为青花瓷罐，置于坑底中部。墓坑多为圆形竖穴土坑。举例如下：

HZM18 圆形竖穴土坑墓。位于T3南部。口径0.46、深0.3米。葬具为Ab型青花瓷罐。烧骨置于罐内，随葬铜片2片（图一〇；彩版三，1）。

HZM40 圆形竖穴土坑墓。位于T3西南部。口径0.54、深0.4米。葬具为A型青釉瓷瓮。烧骨置于罐内，无随葬器物（图一一）。

HZM62 圆形竖穴土坑墓。位于T3东南部，被HZM12打破。口径0.5、深0.4米。墓底平整，底部垫有大块木炭。葬具为Ac型青花瓷罐。烧骨置于罐内，随葬铜片3片（图一二；彩版三，3、4）。

HZM68 圆形竖穴土坑墓。位于T4西南部。口径0.58、深0.4米。墓底垫有木炭。葬具为Aa型青花瓷罐。烧骨置于罐内，无随葬器物（图一三；彩版三，5）。

HZM101 圆形竖穴土坑墓。位于T4中东部。口径0.26、深0.24米。葬具为敛口Ab型陶内罐。烧骨置于罐内，无随葬器物（图一四；彩版三，2）。

HZM226 圆形竖穴土坑墓。位于T5中部。口径0.5、深0.35米。墓底平整。葬具为C型青花瓷罐。烧骨置于罐内，随葬釉陶罐2件、釉陶瓶2件和釉陶杯1件（图一五；彩版三，6）。

2. 双重罐葬墓

共163座。大罐（外罐）内再放置一小罐（内罐），二罐均有盖。举例如下：

HZM12 圆形竖穴土坑墓。位于T3东南部。口径0.45、深0.34米。葬具为V型陶外罐，侈口Cb型陶内罐。烧骨置于内罐中，无随葬器物（图一六；彩版四，1）。

HZM21 圆形竖穴土坑墓。位于T3东南部。口径0.43、深0.44米。葬具为Ab型青釉瓷外罐，C型青釉瓷内罐。烧骨置于内罐中，随葬铜片4片、海贝5枚、玛瑙珠1颗（图一七；彩版四，3、4）。

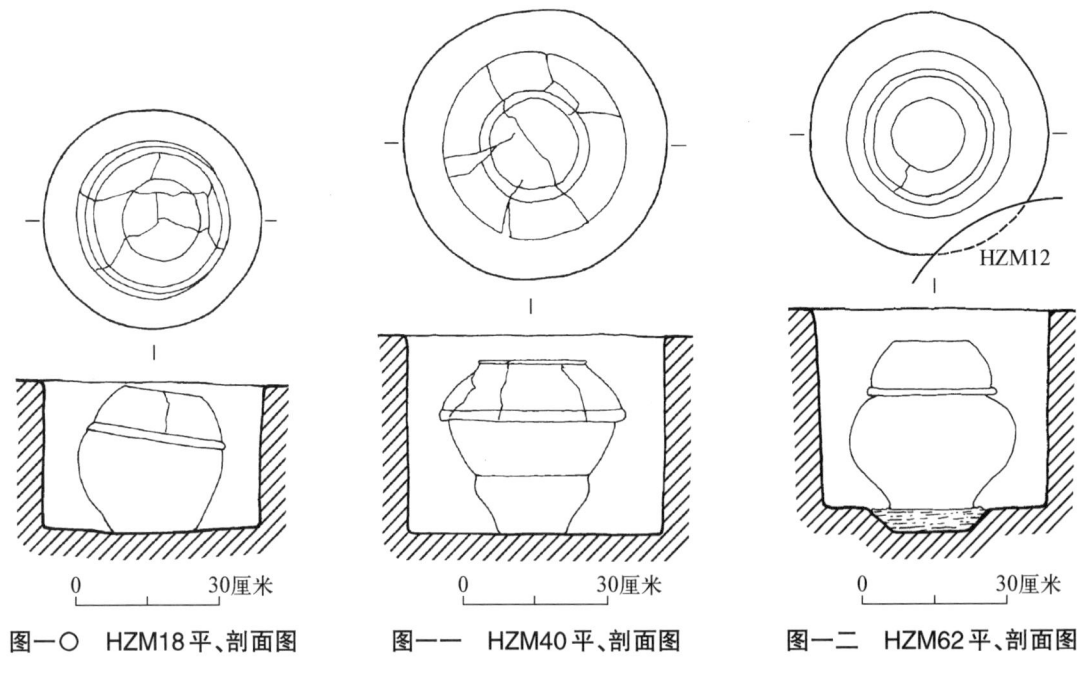

图一〇 HZM18平、剖面图　　图一一 HZM40平、剖面图　　图一二 HZM62平、剖面图

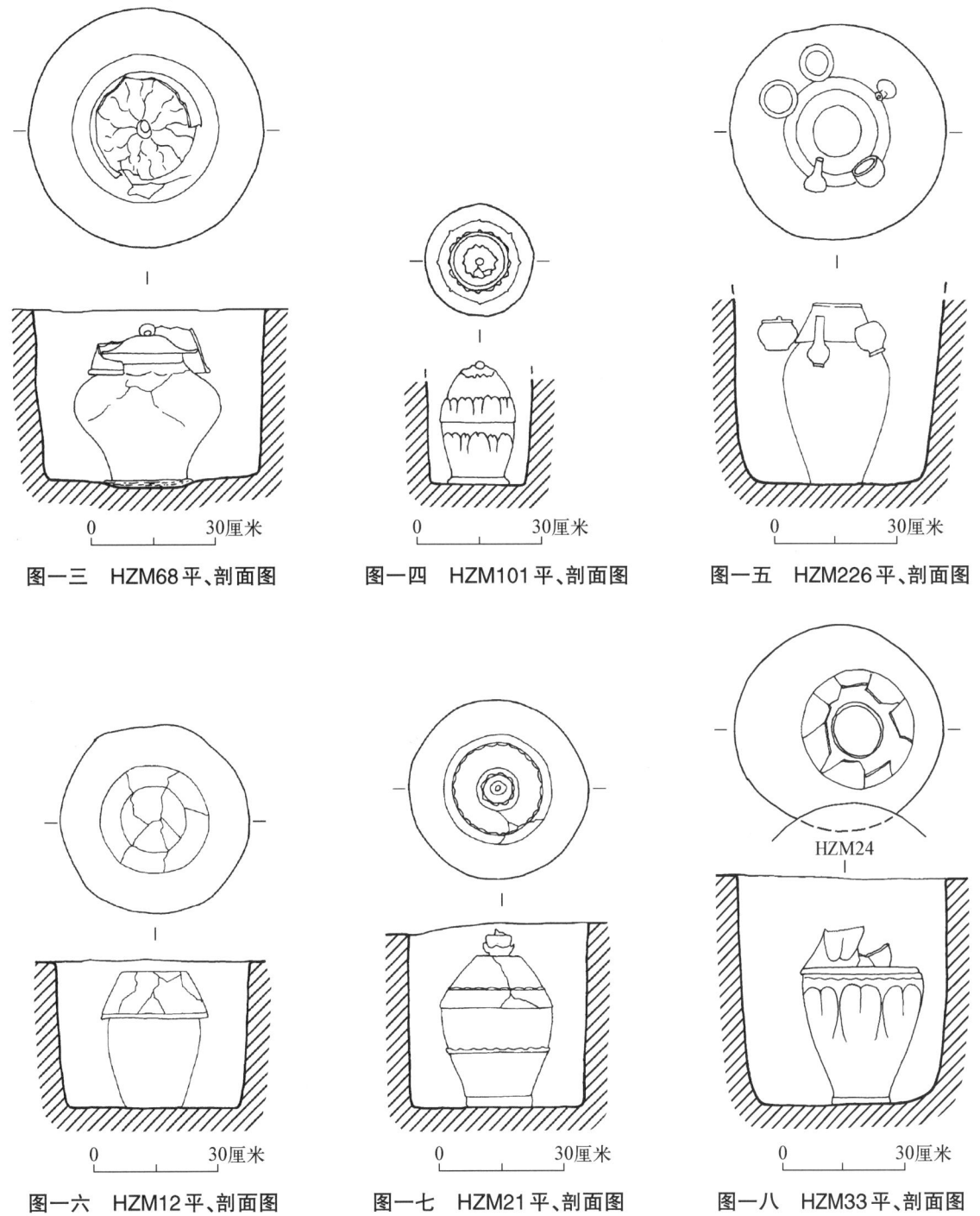

图一三 HZM68平、剖面图　　图一四 HZM101平、剖面图　　图一五 HZM226平、剖面图

图一六 HZM12平、剖面图　　图一七 HZM21平、剖面图　　图一八 HZM33平、剖面图

HZM33　圆形竖穴土坑墓。位于T1西部，被HZM24打破。口径0.5、深0.52米。葬具为Hb型陶外罐，陶内罐残碎。烧骨置于内罐中，无随葬器物（图一八；彩版五，1）。

HZM44　圆形竖穴土坑墓。位于T1西部，被HZM26打破。口径0.5、深0.43米。葬具为Bb型陶外罐，直口Aa型陶内罐。烧骨置于内罐中，无随葬器物（图一九；彩版四，2）。

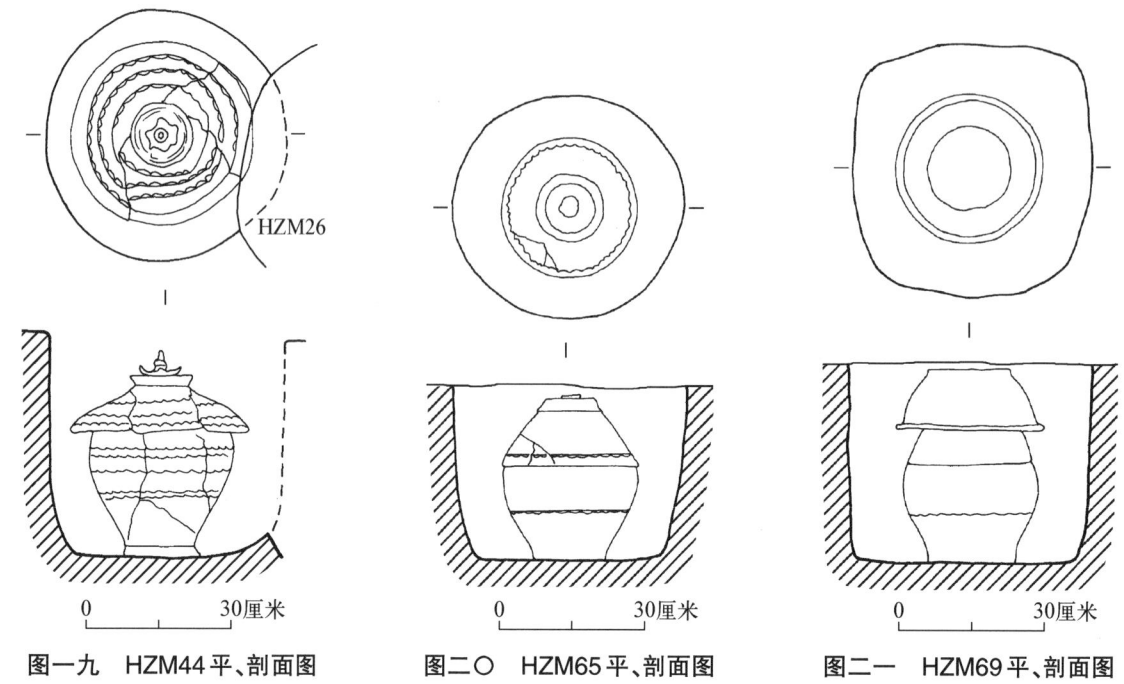

图一九 HZM44平、剖面图　　图二〇 HZM65平、剖面图　　图二一 HZM69平、剖面图

HZM65 圆形竖穴土坑墓。位于T4北部。口径0.5、深0.68米。葬具为Ab型青釉瓷外罐，C型青釉瓷内罐。烧骨置于内罐中，随葬陶龟1件、铜片3片、玛瑙珠1颗（图二〇；彩版四，5）。

HZM69 方形竖穴土坑墓。位于T4中部。边长0.5、深0.4米。葬具为B型青釉瓷外罐，C型青釉瓷内罐。烧骨置于内罐中，随葬陶龟1件、铜片4片（图二一；彩版五，2）。

HZM75 圆形竖穴土坑墓。位于T4中部，被HZM66打破。口径0.4、深0.32米。葬具为Qb型陶外罐，侈口Cc型陶内罐。烧骨置于内罐中，随葬铁片2片（图二二；彩版五，3）。

HZM90 圆形竖穴土坑墓。位于T4西北部，被HZM89打破。口径0.44、深0.3米。葬具为Ga型陶外罐，侈口Ac型陶内罐。烧骨置于内罐中，随葬铜片1片、玛瑙珠1颗、料管1件、药材1件（图二三；彩版五，4）。

HZM99 圆形竖穴土坑墓。位于T3东南部。口径0.38～0.4、深0.45米。葬具为Cb型陶外罐，敛口Bb型陶内罐。烧骨置于内罐中，随葬陶龟1件、海贝16件（图二四；彩版四，6）。

HZM107 方形竖穴土坑墓。位于T4西南部。边长0.36～0.38、深0.32米。葬具为Cb型陶外罐，直口Ba型陶内罐。烧骨置于内罐中，随葬铜片1片、铜耳环1件（图二五；彩版四，7）。

HZM120 圆形竖穴土坑墓。位于T3西北部。口径0.4、深0.35米。葬具为Nb型陶外罐，敛口Ad型陶内罐。烧骨置于内罐中，随葬铜片3片、玛瑙珠1颗（图二六；彩版四，8）。

HZM145 圆形竖穴土坑墓。位于T4西北部，打破HZM167。口径0.39、深0.37米。葬具为Aa型陶外罐，侈口Aa型陶内罐。烧骨置于内罐中，随葬铜片3片、玛瑙珠1颗、料珠5颗、料管1件（图二七；彩版六，1）。

HZM160 圆形竖穴土坑墓。位于T4西南部。口径0.5、深0.4米。葬具为Aa型青釉瓷外

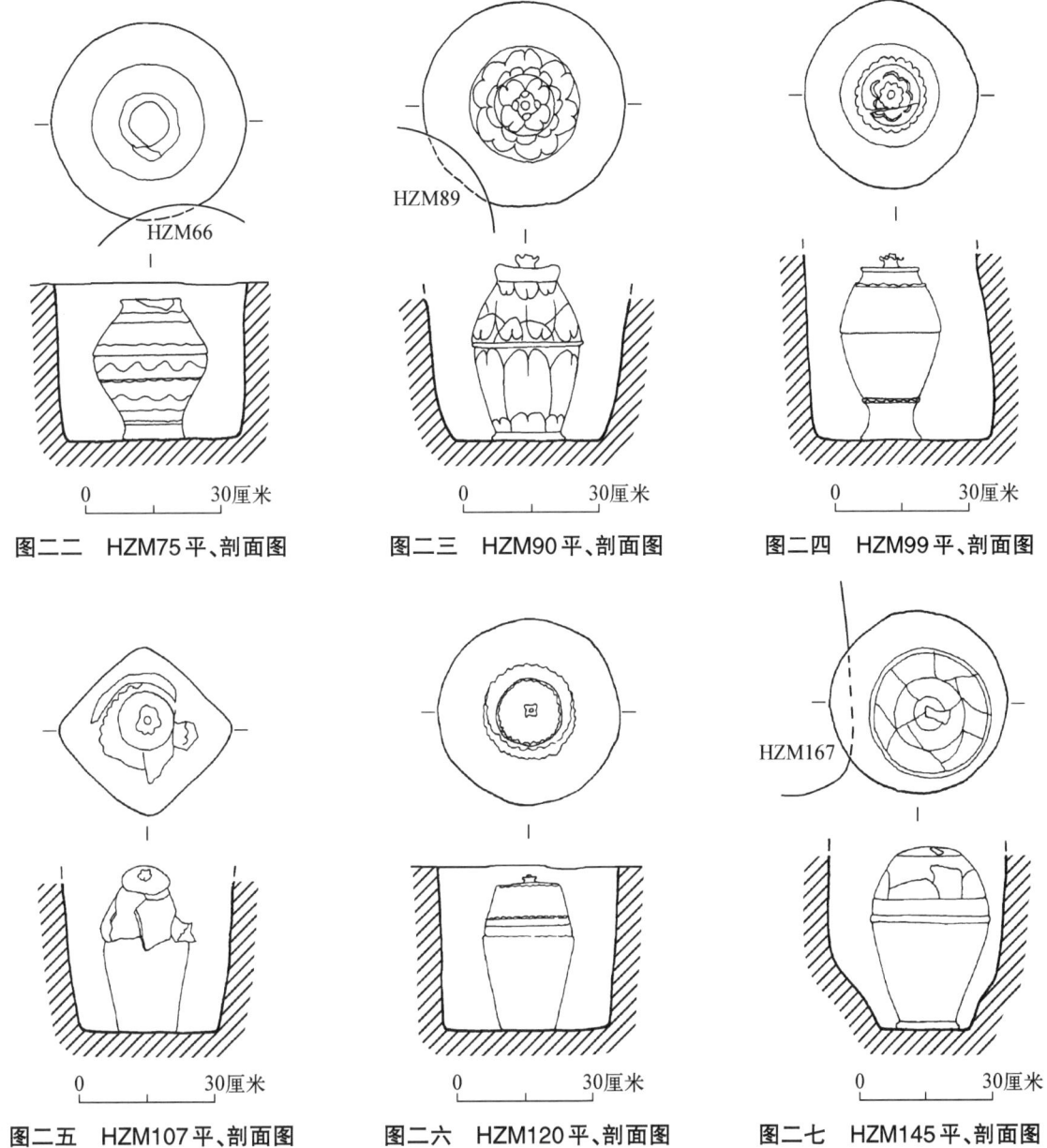

图二二 HZM75 平、剖面图　　图二三 HZM90 平、剖面图　　图二四 HZM99 平、剖面图

图二五 HZM107 平、剖面图　　图二六 HZM120 平、剖面图　　图二七 HZM145 平、剖面图

罐,C型青釉瓷内罐。烧骨置于内罐中,随葬铜片3片(图二八)。

HZM175 圆形竖穴土坑墓。位于T4南部,被HZM78打破。口径0.5、深0.35米。葬具为L型陶外罐,直口Ae型陶内罐。烧骨置于内罐中,随葬铜钱1枚(图二九;彩版六,2)。

HZM187 椭圆形竖穴土坑墓。位于T4西南部,打破HZM189。长径0.5、短径0.4、深0.4米。葬具为Ic型陶外罐,直口Ab型陶内罐。烧骨置于内罐中,无随葬器物(图三〇)。

HZM190 圆形竖穴土坑墓。位于T4西南部,被HZM195打破。口径0.46、深0.36米。葬具为Aa型陶外罐,侈口Aa型陶内罐。烧骨置于内罐中,随葬铜镊子1件、铜法轮1件、铜片3片、银片1片、料珠1件、料管2件(图三一)。

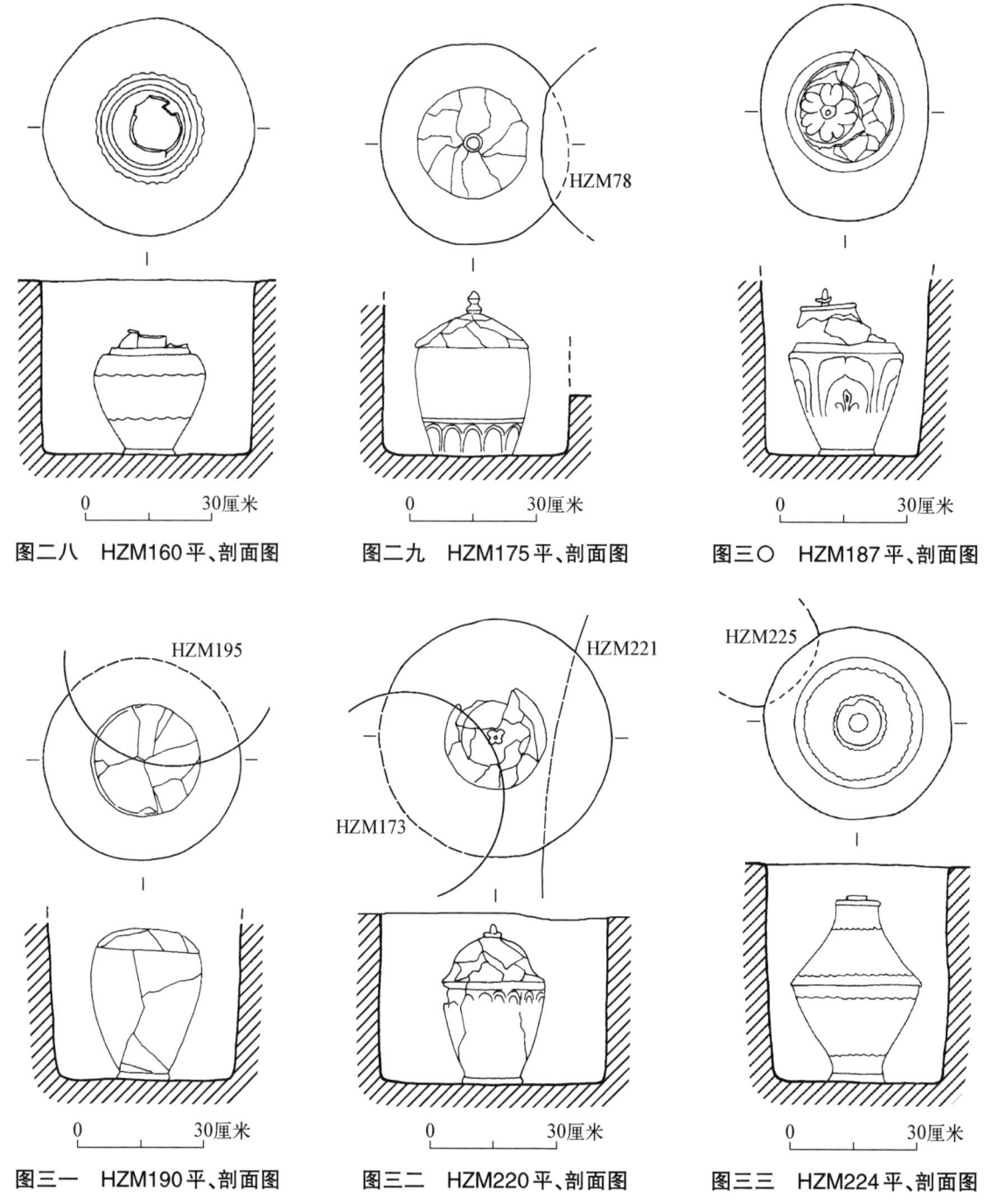

图二八 HZM160平、剖面图
图二九 HZM175平、剖面图
图三〇 HZM187平、剖面图
图三一 HZM190平、剖面图
图三二 HZM220平、剖面图
图三三 HZM224平、剖面图

HZM220 圆形竖穴土坑墓。位于T4南部，被HZM173打破，打破HZM221。口径0.56、深0.38米。葬具为Aa型陶外罐，侈口Aa型陶内罐。烧骨置于内罐中，随葬铜法轮1件、铜片1片（图三二；彩版六，3）。

HZM224 圆形竖穴土坑墓。位于T4南部，打破HZM225。口径0.4、深0.5米。葬具为Ca型陶外罐，敛口Bb型陶内罐。烧骨置于内罐中，随葬铜片3片（图三三；彩版六，4）。

（二）双人合葬

一坑合葬二人的墓葬形式。共29座。根据葬具结构可分为二个单罐合葬墓和二组双重罐葬墓。

1. 二个单罐合葬墓

1座。

HZM129 椭圆形竖穴土坑墓。位于T4中部。长径0.52、短径0.47、深0.26米。两罐并排放置，无外罐。葬具1号罐为直口Ac型，2号罐为敛口Ab型陶内罐。烧骨分别置于二罐内，随葬铜片各1片（图三四；彩版七，5）。

2. 二组双重罐合葬墓

共28座。二组双重罐并排放置，墓葬有一次葬，亦有二次葬。举例如下：

HZM9 椭圆形竖穴土坑墓。位于T1东北部。长径0.8、短径0.6、深0.33米。葬具1、2号罐均为W型陶外罐，直口Aa型陶内罐。烧骨贴有金箔，分别置于二内罐中，随葬铜法轮1件、铜片3片、料珠4颗（图三五；彩版七，1）。

HZM54 椭圆形竖穴土坑墓。位于T3东南部，被HZM53打破。长径0.66、短径0.44、深0.39米。葬具1、2号罐均为T型陶外罐，1号内罐为敛口Bb型陶内罐，2号内罐为侈口Bc型陶内罐。烧骨分别置于二内罐中，随葬陶龟1件、铜法轮1件、铜片3片（图三六；彩版七，2）。

HZM150 椭圆形竖穴土坑墓。位于T4东部，打破HZM161、HZM204。长径0.7、短径0.4、深0.45米。葬具1、2号罐均为Ob型陶外罐，内罐均为直口Ba型陶内罐。烧骨分别置于二内罐中，随葬铜片2片、料珠2颗、料管1件（图三七）。

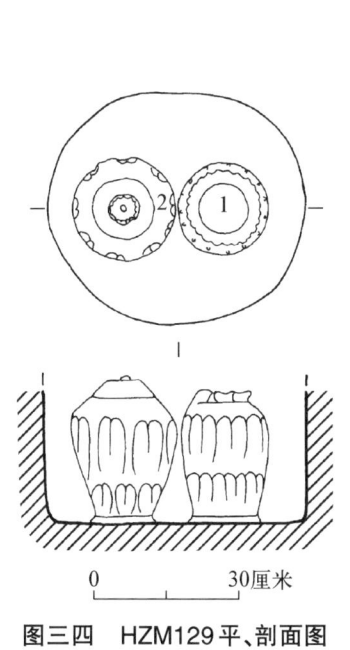

图三四　HZM129平、剖面图 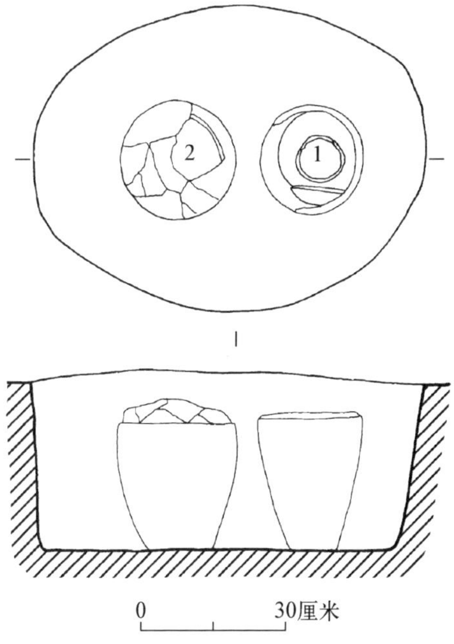　　　　图三五　HZM9平、剖面图

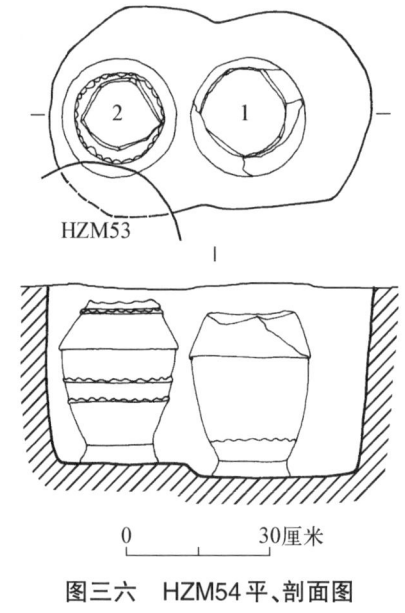

图三六　HZM54 平、剖面图

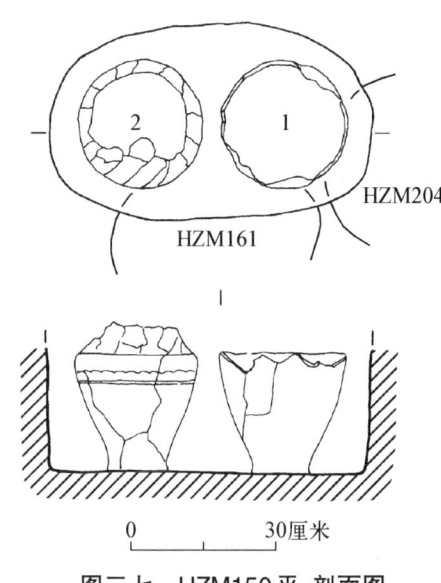

图三七　HZM150 平、剖面图

HZM155　椭圆形竖穴土坑墓。位于 T3 东南部。长径 0.65、短径 0.42、深 0.31～0.4 米。葬具 1 号罐为 Qa 型陶外罐，2 号罐为 Da 型陶外罐，内罐均为侈口 Bb 型陶内罐。烧骨分别置于二内罐中，随葬铜耳环 1 件、铜法轮 1 件、铜片 6 片（图三八；彩版七，3）。

HZM167　椭圆形竖穴土坑墓。位于 T4 西北部，被 HZM145 打破。长径 0.87、短径 0.52、深 0.48 米。葬具 1 号罐为 Ba 型陶外罐，2 号罐为 Kb 型陶外罐，内罐均为直口 Ad 型陶内罐。烧骨分别置于二内罐中，随葬铜镯 1 件、铜帽 4 件（图三九）。

HZM176　椭圆形竖穴土坑墓。位于 T4 西部，打破 HZM178。长径 0.71、短径 0.31、深 0.35 米。葬具 1、2 号罐均为 Ia 型陶外罐，1 号内罐为直口 Ab 型陶内罐，2 号内罐为敛口 Aa 型陶内罐。烧骨分别置于二内罐中，随葬料珠 1 颗（图四〇；彩版七，4）。

HZM194　椭圆形竖穴土坑墓。位于 T4 东南部。长径 0.8、短径 0.6、深 0.42 米。葬具 1、2 号罐均为 Ha 型陶外罐，直口 Ad 型陶内罐。烧骨分别置于二内罐中，随葬铜耳环 2 件、铜片 2 片、玛瑙珠 3 颗、料管 3 件（图四一；彩版七，6）。

HZM212　椭圆形竖穴土坑墓。位于 T4 东南部。长径 0.7、短径 0.36、深 0.46 米。葬具 1、2 号罐均为 Nc 型陶外罐，1 号内罐为直口 Ab 型陶内罐，2 号内罐为敛口 Aa 型陶内罐。烧骨贴有金箔，分别置于二内罐中，随葬铜镯 1 件、铜法轮 1 件、铜片 1 片、料珠 1 颗、料管 1 件（图四二）。

（三）多人合葬

即一坑合葬三人及以上的墓葬形式。共 14 座。个别墓葬因其相互打破关系难以判清，亦归入此类合葬墓。此类墓葬多为二次葬，亦有一次葬。举例如下：

HZM170　椭圆形竖穴土坑墓。位于 T4 东南部，被 HZM165 和 HZM169 打破。长径 1.2、短径 0.44～0.5、深 0.3 米。葬具为一字排开的 4 组套罐，均为 Nc 型陶外罐；1、2 号内罐为侈口 Ab 型陶

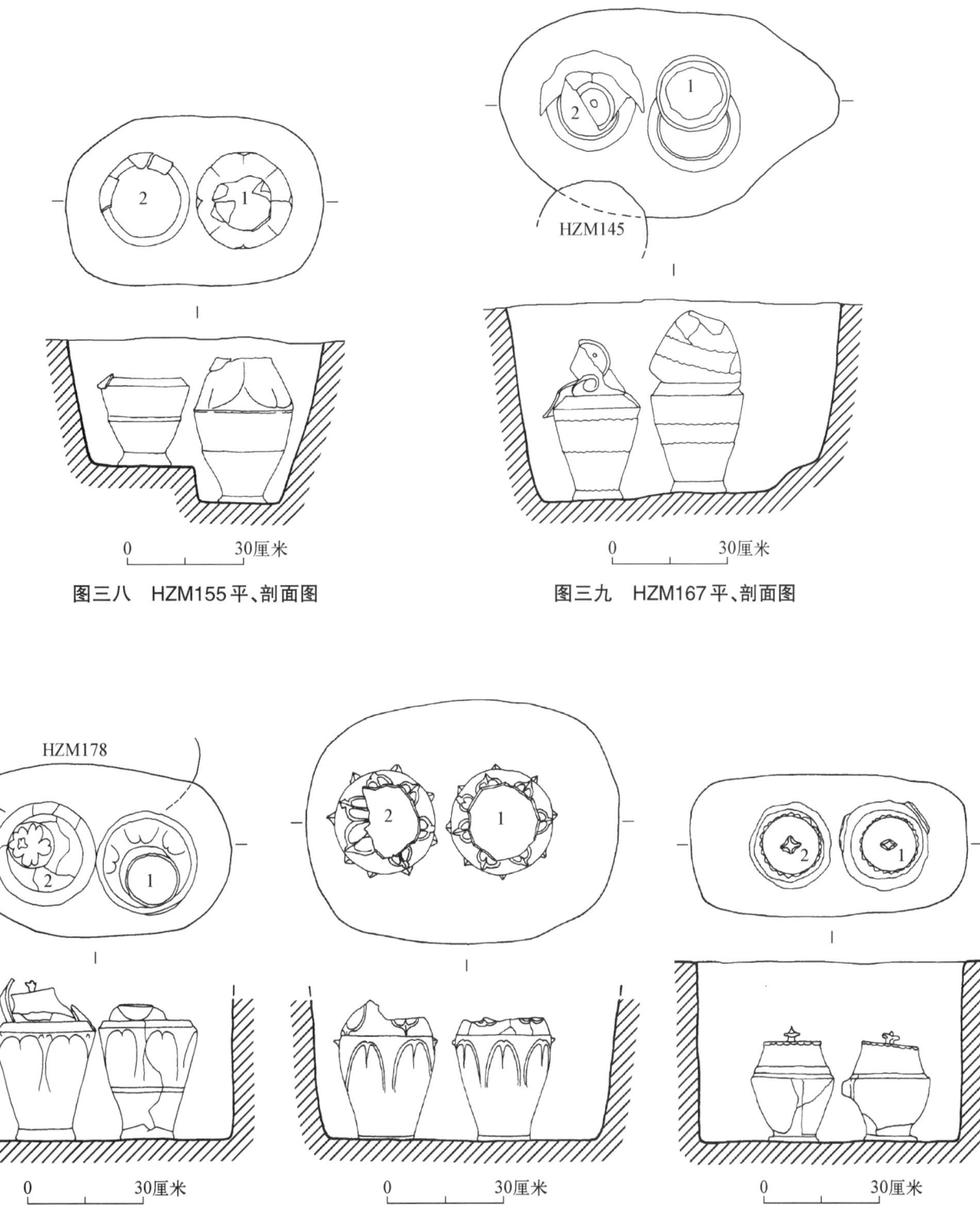

图三八　HZM155平、剖面图　　图三九　HZM167平、剖面图

图四〇　HZM176平、剖面图　　图四一　HZM194平、剖面图　　图四二　HZM212平、剖面图

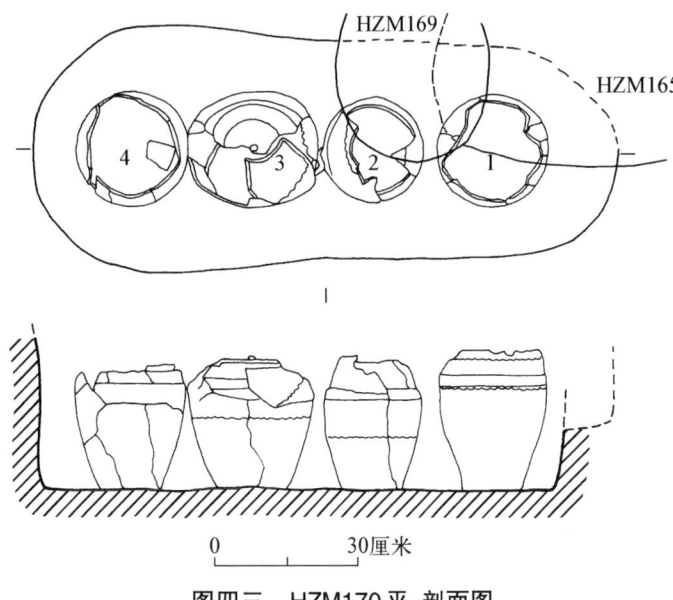

图四三　HZM170平、剖面图

内罐，3、4号内罐为直口Ab型陶内罐。烧骨贴有金箔，分别置于各内罐中，随葬铜镯1件、铜法轮1件、铜片4片、料珠1颗（图四三；彩版八，1）。

HZM192　椭圆形竖穴土坑墓。位于T4南部，被盗坑打破，打破HZM193、HZM205。长径0.64、短径0.57、深0.28米。葬具系呈三角形放置的3组套罐。1号外罐为Gb型陶外罐，2、3号外罐为Nc型陶外罐；1号内罐为直口Ad型陶内罐，2、3号内罐为直口Ab型陶内罐。烧骨分别置于各内罐中，无随葬器物（图四四；彩版八，3）。

HZM209　椭圆形竖穴土坑墓。位于T4北部，被HZM208打破。长径1.05、短径0.4、深0.3～0.4米。葬具为一字排开的4组套罐。1、3号外罐为Nc型陶外罐，2号外罐为P型陶外罐，4号外罐为Nb型陶外罐；1、2、3号内罐均为敛口Aa型陶内罐，4号内罐为侈口Ca型陶内罐。烧骨分别置于各内罐中，随葬铜片1片（图四五；彩版八，4）。

HZM214　椭圆形竖穴土坑墓。位于T4东北部，被HZM143打破。长径1.94、短径0.54、深

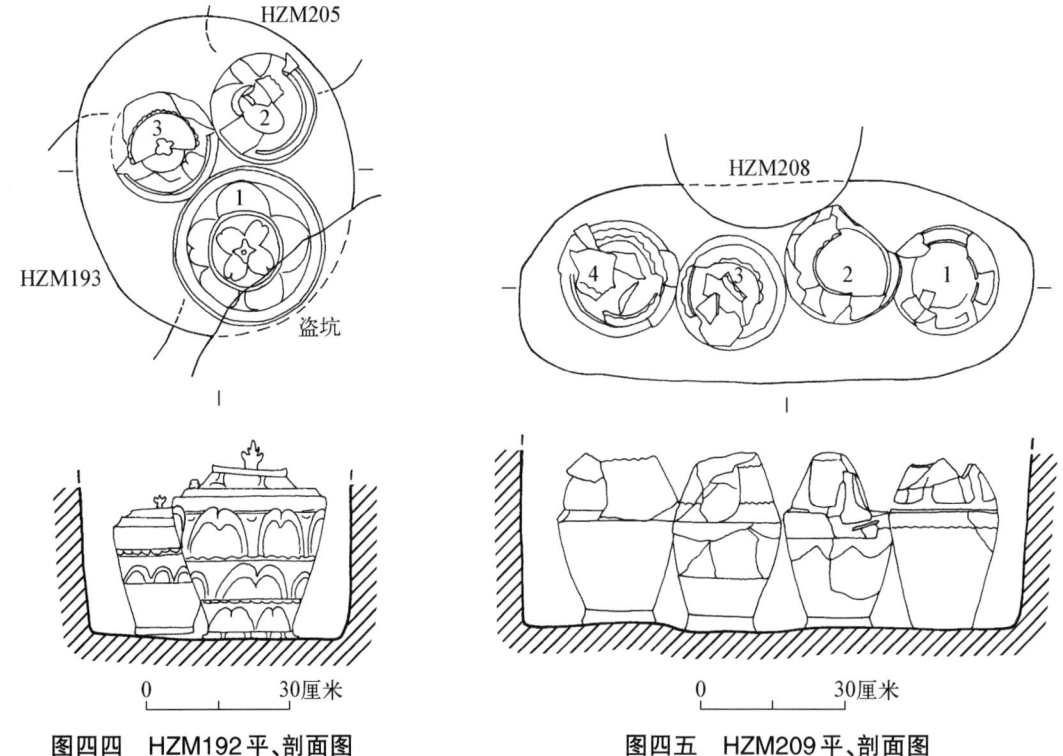

图四四　HZM192平、剖面图　　　　　图四五　HZM209平、剖面图

0.35米。葬具为一字排开的7组套罐。1号外罐为Da型陶外罐,2、4、5、6号外罐为Nc型陶外罐,3号外罐为Kc型陶外罐,7号外罐为Ia型陶外罐;1、2、7号内罐为直口Ab型陶内罐,3、4、5、6号内罐为敛口Aa型陶内罐。烧骨分别置于各内罐中,随葬铜镯1件、铜法轮1件、铜片2片、料珠2颗、料管1件(图四六;彩版八,2)。

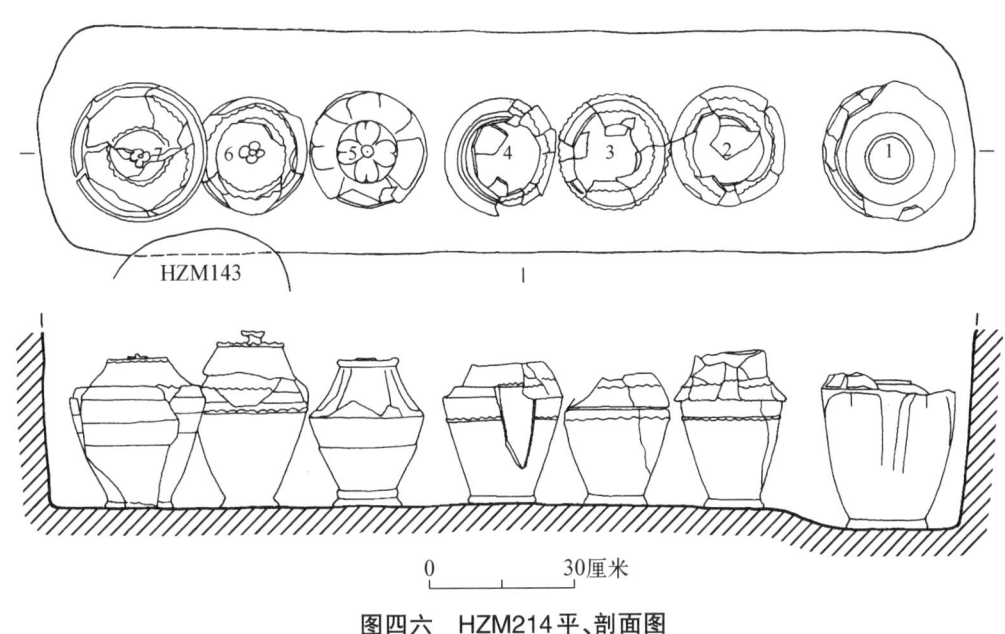

图四六　HZM214平、剖面图

第二节　土葬墓

1座。

TZM95　长方形竖穴土坑墓。位于T3西北部,墓向为322°。长0.97、宽0.35～0.5、深0.35～0.47米。坑底北端较深,填炭屑,中部以南放置烧骨和骨灰。无葬具和随葬器物(图四七)。

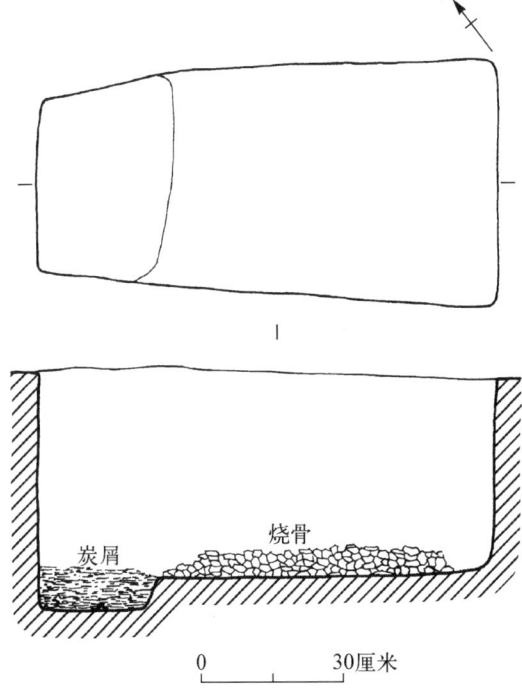

图四七　TZM95平、剖面图

第三节 葬 具

火葬墓葬具指盛装烧骨及骨灰的容器和与之相关的器具。苏家坡墓地火葬墓葬具多数为陶质葬具，同时有少量瓷质葬具，未发现铜质葬具。本次发掘火葬墓225座，均有葬具，共出土葬具501件（不包括采集器物）。出土葬具依质地可分为陶质和瓷质两类。

一、出土陶质葬具

出土陶质葬具均为陶罐，共467件。

陶质有夹砂和泥质两类。外罐多为夹砂陶，多数夹细砂，质地紧密，火候较高；早期胎较薄，晚期较厚。内罐多为泥质陶，陶质细腻，烧成温度高。

陶色分为黑灰、灰、灰白三类，以黑灰陶及灰陶为主。黑灰陶器表常施一层黑色陶衣，多数灰白陶外表呈灰白色，内胎则为灰黑色。黑灰陶色泽一致，胎色均匀。

器表多饰有纹饰，少数为素面。装饰技法主要有贴塑、刻划、拍印、压印等。纹饰种类繁多，常见纹饰有花边纹、莲纹、凹凸弦纹、水波纹、卷草纹、十二生肖、人物、菊花纹等。金刚杵、宝相花等纹饰不见。其中花边纹多采用贴塑而成，莲纹纹样多变，多采用刻划技法，有仰莲、覆莲、莲瓣及三角莲等。一件器物表面纹饰多由三五种纹饰组合而成。

造型以假圈足罐及平底罐居多，有少量圈足罐。大多数陶罐为带盖罐，亦有少量以钵等器具为盖。在制法上多为轮制，亦有少量泥条盘筑法，器壁内往往有轮制留下的平行弦纹。器形大多规整、匀称。

出土陶罐种类繁多，下文分别以外罐和内罐两类分型式加以介绍。

（一）外罐

共268件。质地有夹砂和泥质两种，陶色有灰、黑灰及灰白三种，其中以夹砂灰陶居多。

A型　17件。盖罐。依形态差异分三亚型。

Aa型　4件。鼓腹。盖塔形莲瓣座钮，弧顶，盖面刻划莲瓣纹或素面。

标本HZM145∶1，夹砂灰白陶。盖钮缺失，斜壁，盖顶饰覆莲瓣纹四瓣，盖面依次饰凹弦纹二周、齿状纹一周、凹弦纹三周、覆莲瓣纹十瓣。身敛口，尖圆唇，平底，假圈足略外撇，肩部饰凹弦纹二周、卷草纹一周。通高37.8、口径20、腹径25.6、底径17.4厘米（图四八，1；彩版九，2）。

标本HZM190∶1，夹砂灰白陶。盖莲瓣座钮，斜壁，素面。身敛口，尖唇，平底，假圈足略外撇，腹部饰凹弦纹一周。通高40.2、口径20.6、腹径25、底径13.4厘米（图四八，2；彩版九，1）。

标本HZM220∶1，泥质灰白陶。盖莲瓣座钮，斜壁，盖面饰凹弦纹四周及双线刻划水波纹一周。身敛口，方唇，平底略内凹，肩部饰凹弦纹三周、双线刻划水波纹一周。通高36.4、口径19.6、腹径23.2、底径14厘米（图四八，3；彩版九，3）。

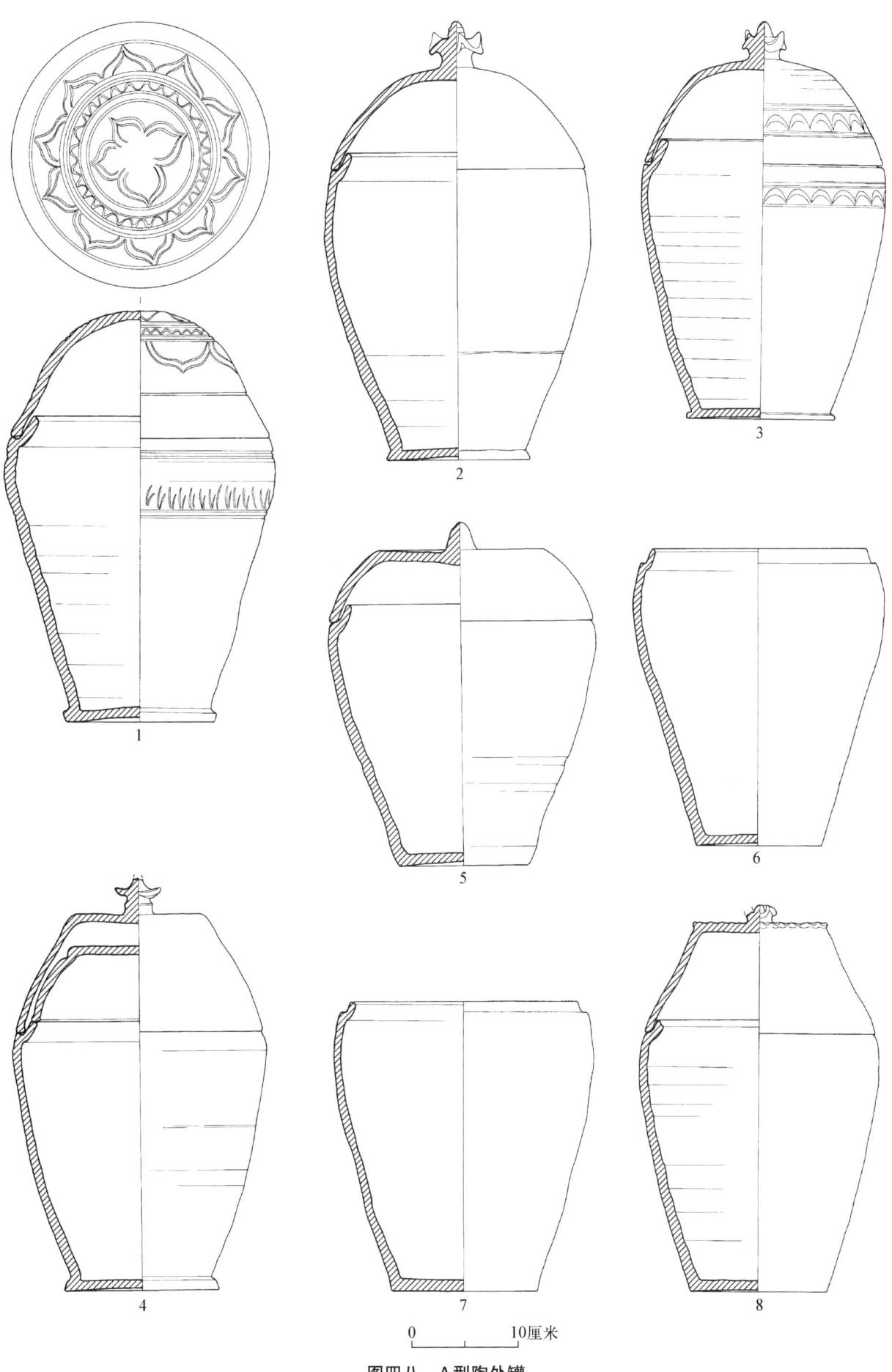

图四八　A型陶外罐

1～3. Aa型（HZM145∶1、HZM190∶1、HZM220∶1）　4～6. Ab型（HZM216∶1、HZM197∶1∶1、HZM166∶1∶1）
7、8. Ac型（HZM202∶1、HZM20∶1）

Ab型　10件。弧腹。

标本HZM166∶1∶1，泥质灰白陶。盖缺失。身敛口，方唇，深腹，平底略内凹，素面。身高27.4、口径20.4、腹径24、底径12厘米（图四八，6）。

标本HZM197∶1∶1，夹砂灰白陶。盖尖圆形钮，平顶，弧壁，素面。身敛口，尖圆唇，平底略内凹，腹部饰凹弦纹二周。通高31.6、口径21.6、腹径25.2、底径12.4厘米（图四八，5；彩版一〇，1）。

标本HZM216∶1，夹砂灰陶。盖二件，外盖莲瓣座钮，平顶，斜壁，方唇，素面；内盖平顶，弧壁，方唇，素面。身敛口，方唇，平底略内凹，假圈足略外撇，素面。通高37.8、口径20.4、腹径24、底径14.6厘米（图四八，4；彩版一〇，2）。

Ac型　3件。深弧腹。

标本HZM20∶1，夹砂灰陶。盖莲瓣座钮，钮残缺，平顶，斜直壁，顶缘饰花边纹一周。身敛口，尖唇，平底，素面。通高35.6、口径19.6、腹径22.8、底径13.8厘米（图四八，8；彩版一〇，3）。

标本HZM202∶1，夹砂灰白陶。盖缺失。身敛口，方唇，腹微鼓，平底，素面。身高26.6、口径21.2、腹径24.4、底径13.6厘米（图四八，7）。

B型　5件。盖罐。依形态差异分二亚型。

Ba型　2件。斜腹下收。

标本HZM167∶1∶1，夹砂灰陶。盖塔形钮，平顶，束颈，斜壁，方唇，盖顶饰同心圆纹五周、花边纹二周，盖面依次饰凹弦纹六周、花边纹二周、双线刻划水波纹三周。身敛口，方唇，平底，假圈足外撇，腹部饰花边纹二周。通高47、口径22、腹径26.4、底径15.4厘米（图四九，1；彩版一一，1）。

Bb型　3件。鼓腹。

标本HZM44∶1，夹砂灰陶。盖塔形莲瓣座钮，平顶，束颈，斜弧壁，方唇，盖顶饰凹弦纹四周，盖面饰双线刻划水波纹、花边纹各三周。身敛口，方唇，平底，假圈足外撇，腹部饰花边纹五周、双线刻划水波纹二周。通高41.6、口径22.4、腹径27、底径16厘米（图四九，2；彩版一一，2）。

C型　6件。盖罐。依形态差异分二亚型。

Ca型　1件。斜腹下收。

标本HZM224∶1，泥质灰陶。盖钮残缺，平顶，束颈，弧壁，方唇，盖面饰花边纹二周。身敛口，方唇，斜腹内敛，平底，足部较高，足略外撇。肩腹部饰花边纹二周。通高48.8、口径26、腹径28.4、底径14厘米（图五〇，1；彩版一二，1）。

Cb型　5件。弧腹。

标本HZM96∶1，泥质灰陶。盖塔形莲瓣座钮，平顶，束颈，弧壁，尖唇，盖顶饰覆莲瓣纹五瓣，盖面饰双线刻划水波纹二周、花边纹一周。身敛口，尖唇，平底略内凹，假圈足外撇，腹部饰双线刻划水波纹二周、花边纹一周。通高40、口径21.6、腹径25.2、底径13.6厘米（图五〇，4；彩版一二，2）。

标本HZM99∶1，泥质灰陶。盖缺失。身敛口，尖唇，斜直腹，平底略内凹，假圈足外撇，腹部饰双线刻划水波纹三周、花边纹一周。通高23.8、口径19.5、腹径23.2、底径12.8厘米（图五〇，5；彩版一二，3）。

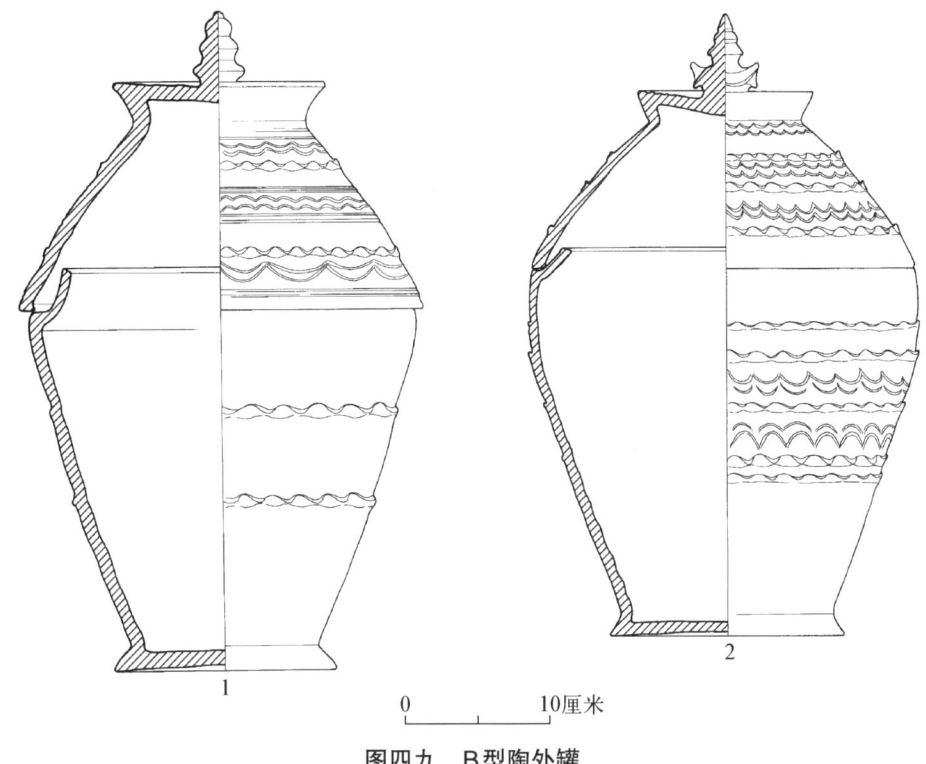

图四九　B型陶外罐
1. Ba型（HZM167:1:1）　2. Bb型（HZM44:1）

标本HZM107:1，夹砂灰陶。通身饰黑色陶衣。盖莲瓣座钮，钮残缺，平顶，束颈，斜壁，方唇，沿内折，盖顶饰双线花边纹一周，盖面饰双线水波纹二周、花边纹一周。身敛口，尖圆唇，平底略内凹，假圈足外撇，腹部饰双线刻划水波纹二周、花边纹一周。通高46、口径20.4、腹径24、底径14厘米（图五〇,2；彩版一二,4）。

标本HZM163:1，夹砂灰陶。通身饰黑色陶衣。盖莲瓣座钮，钮残缺，平顶，束颈，斜壁，方唇，沿内折，盖顶饰覆莲瓣纹四瓣、水波纹二周，盖面饰双线刻划水波纹、花边纹各二周。身敛口，尖唇，平底略内凹，假圈足外撇，肩腹部饰双线刻划水波纹三周、花边纹二周。通高40、口径18、腹径22.8、底径14厘米（图五〇,3；彩版一二,5）。

D型　27件。盖罐。依形态、纹饰差异分三亚型。

Da型　17件。圆鼓腹。通身饰黑色陶衣。

标本HZM155:2:1，泥质黑灰陶。盖塔形莲瓣座钮，钮缺失，平顶，斜壁，方唇，盖面饰花边纹二周。身敛口，平底略内凹，假圈足略外撇，肩腹部饰花边纹二周。通高35.4、口径19.6、腹径27.6、底径12.4厘米（图五一,3；彩版一三,1）。

标本HZM162:1，夹砂黑灰陶。盖钮缺失，平顶，束颈，弧壁，方唇，盖面饰花边纹三周，盖内有朱书梵文。身敛口，平底略内凹，假圈足略外撇，腹部饰花边纹二周。通高41.8、口径22、腹径29.6、底径14.4厘米（图五一,1；彩版一三,2）。

标本HZM207:2:1，夹砂黑灰陶。盖莲瓣座钮，平顶，斜壁，盖面饰花边纹二周。身敛口，尖

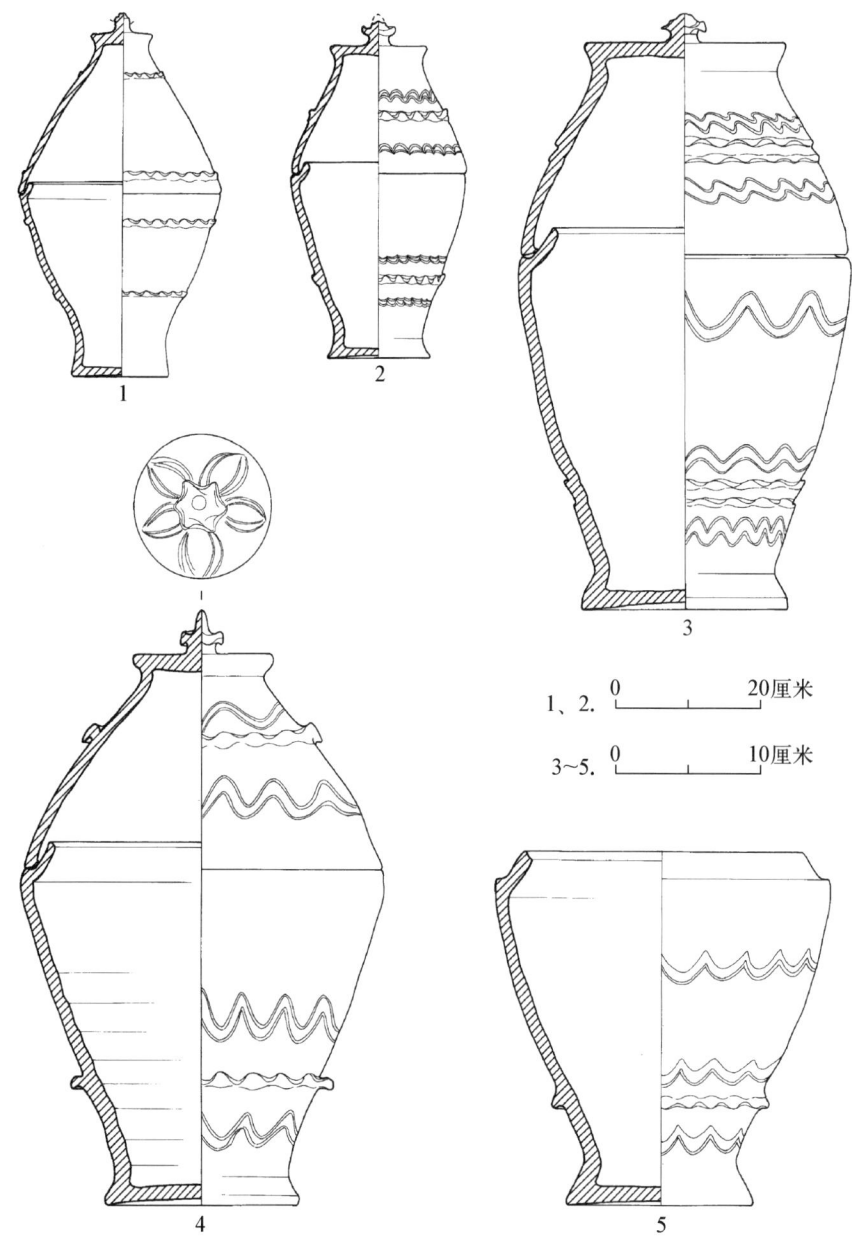

图五〇　C型陶外罐

1. Ca型（HZM224∶1）　2～5. Cb型（HZM107∶1、HZM163∶1、HZM96∶1、HZM99∶1）

圆唇,平底微内凹,假圈足略外撇,肩腹部饰花边纹二周。通高40.8、口径22、腹径26.4、底径14厘米(图五一,4;彩版一三,3)。

标本HZM223∶1,泥质黑灰陶。盖莲瓣座钮,平顶,斜弧壁,盖面饰花边纹二周。身敛口,平底略内凹,假圈足略外撇,肩腹部饰花边纹一周。通高37.2、口径20.8、腹径24.8、底径12.4厘米(图五一,2;彩版一三,4)。

Db型　8件。斜直腹较浅。

图五一 Da型陶外罐

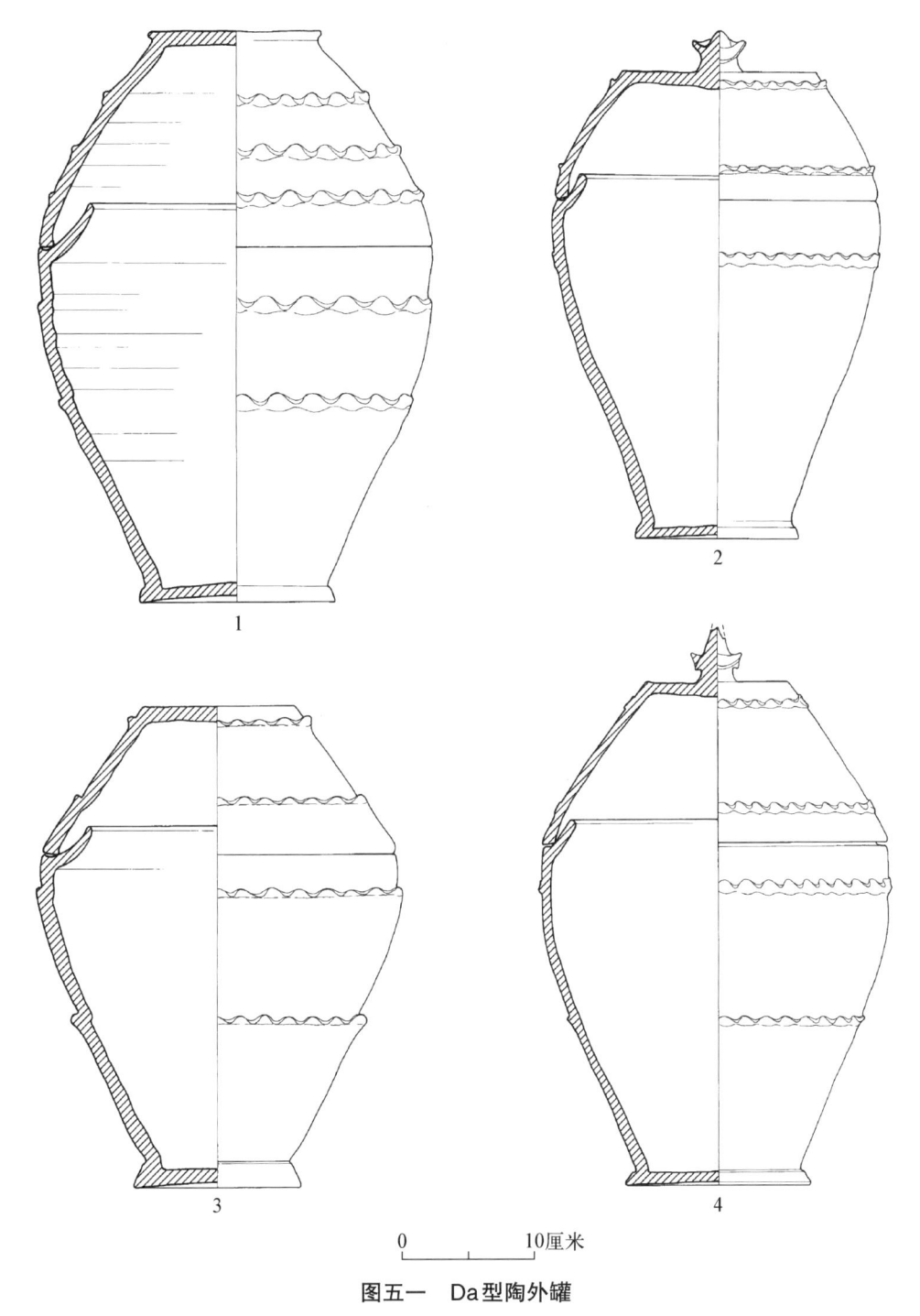

1. HZM162:1 2. HZM223:1 3. HZM155:2:1 4. HZM207:2:1

标本HZM196:2:1，夹砂灰陶。盖缺失。身敛口，尖圆唇，平底略内凹，假圈足外撇，腹部饰花边纹两周。身高26.6、口径21.2、腹径24.4、底径13.6厘米（图五二，1；彩版一四，3）。

标本HZM217:2:1，夹砂黑灰陶。盖缺失。身敛口，方唇，平底略内凹，假圈足略外撇，腹部饰花边纹二周、双线刻划水波纹一周。身高21.8、口径19.2、腹径23.6、底径13.6厘米（图五二，3；

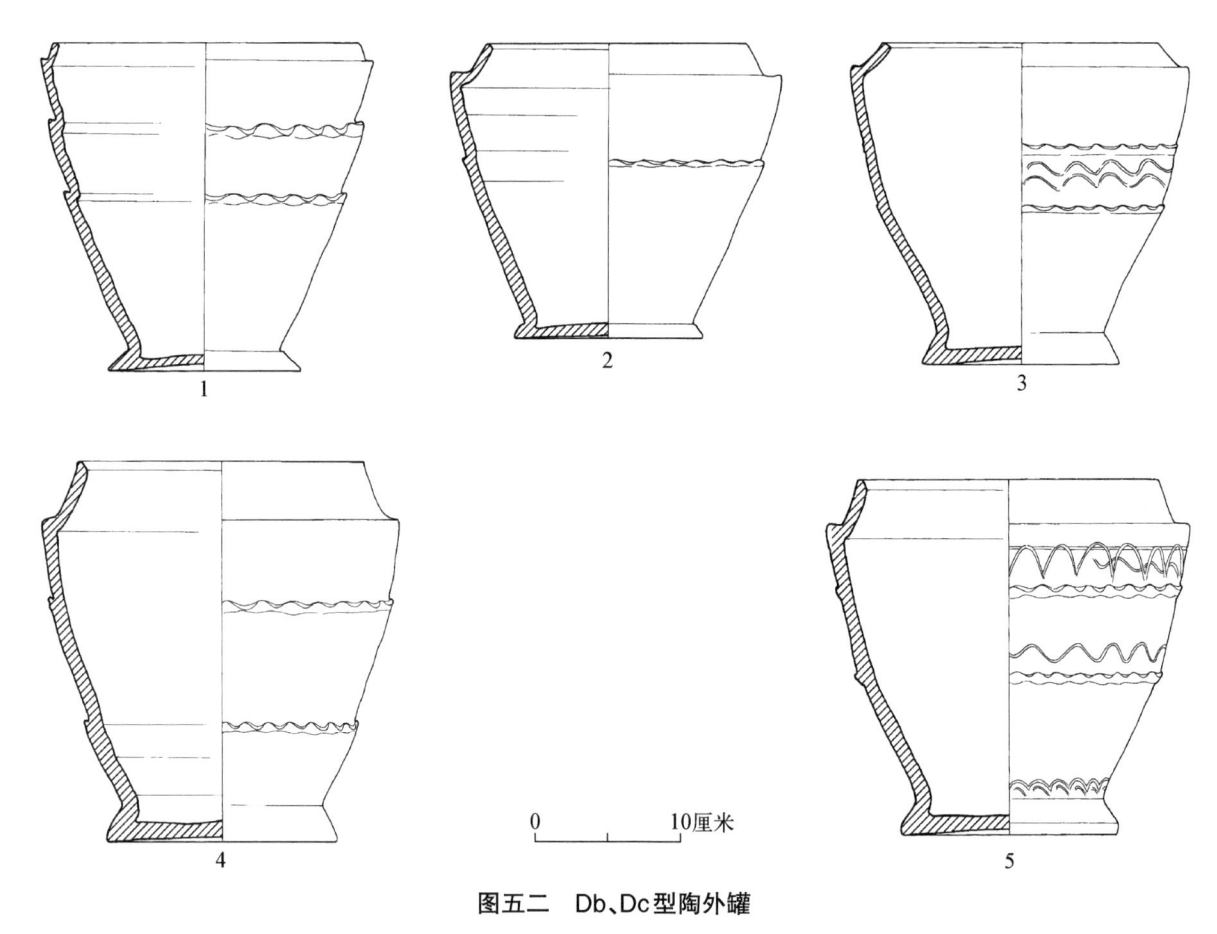

图五二　Db、Dc型陶外罐

1～3. Db型（HZM196:2:1、HZM217:3:1、HZM217:2:1）　4、5. Dc型（HZM128:4:1、HZM103:1）

彩版一四,1）。

标本HZM217:3:1，夹砂黑灰陶。盖缺失。身敛口，平底略内凹，假圈足略外撇，腹部饰花边纹一周。身高20、口径17.2、腹径22、底径13.2厘米（图五二,2；彩版一四,2）。

Dc型　2件。弧腹较浅。

标本HZM103:1，泥质灰白陶。盖缺失。身敛口，尖圆唇，平底略内凹，假圈足外撇，肩腹部依次饰凹弦纹一周、水波纹及花边纹各两周，近足部饰水波纹一周。身高24.4、口径19.2、腹径23.6、底径15厘米（图五二,5；彩版一四,4）。

标本HZM128:4:1，夹砂灰陶。盖缺失。身敛口，尖唇，平底略内凹，假圈足外撇，肩腹部依次饰双线刻划水波纹、花边纹各二周。身高25.8、口径20、腹径25、底径16厘米（图五二,4；彩版一四,5）。

E型　3件。盖罐。斜弧腹，腹部深。

标本HZM79:1，夹砂灰褐陶。盖塔形莲瓣座钮，平顶，斜壁，盖顶饰同心圆纹三周，内套水波纹七周，盖面依次饰花边纹三周、双线刻划水波纹四周、凹弦纹三周。身敛口，尖唇，平底略内凹，足部略外撇，肩腹部依次饰花边纹三周、双线刻划水波纹三周、凹弦纹四周。通高43.2、口径21.6、腹径27.2、底径16.6厘米（图五三，1；彩版一五，1）。

标本HZM204：1，泥质灰褐陶。盖塔形钮，平顶，弧壁，盖面顶缘及口沿饰凸弦纹各一周。身敛口，尖圆唇，平底略内凹，足部略外撇，肩部饰凸弦纹一周，腹部饰凹弦纹二周。通高43.4、口径

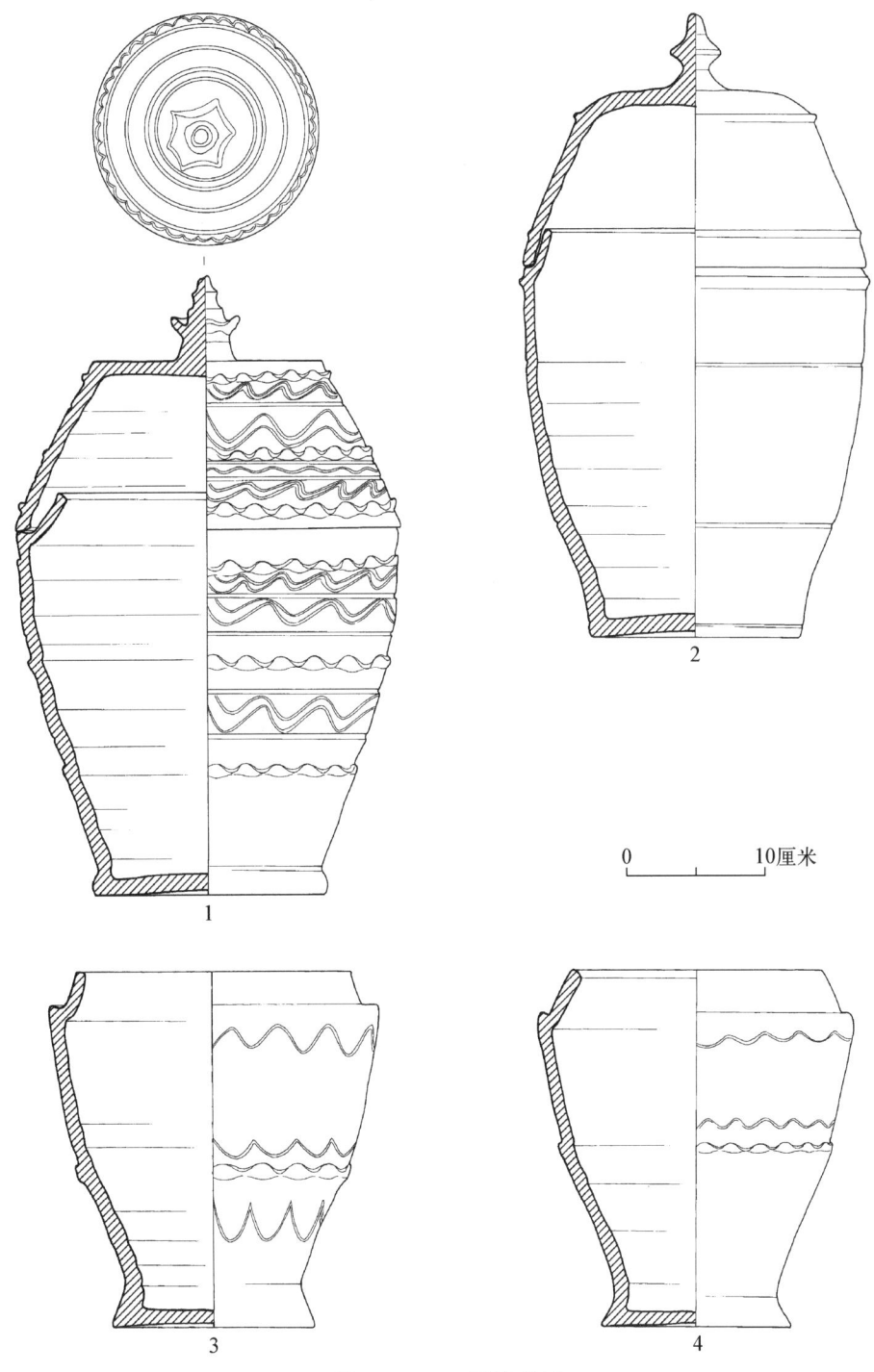

图五三　E、F型陶外罐

1、2. E型（HZM79：1、HZM204：1）　3、4. F型（HZM157：1、HZM179：4：1）

21.6、腹径25.2、底径14.8厘米（图五三，2；彩版一五，2）。

F型　2件。盖罐。斜直腹。

标本HZM157：1，夹砂灰陶。盖缺失。身敛口，方唇，平底略内凹，假圈足外撇，肩腹部饰双线刻划水波纹三周、花边纹一周。身高24.8、口径19.6、腹径23.6、底径14.4厘米（图五三，3；彩版一五，3）。

标本HZM179：4：1，夹砂灰陶。盖缺失。身敛口，尖唇，平底略内凹，假圈足外撇，肩腹部饰双线刻划水波纹二周、花边纹一周。身高24.8、口径18、腹径22.8、底径13.6厘米（图五三，4；彩版一五，4）。

G型　6件。盖罐。依形态差异分三亚型。

Ga型　3件。浅斜腹。

标本HZM174：2：1，泥质黑灰陶。通身饰黑色陶衣。盖双层塔形莲瓣座钮，平顶，束颈，斜壁，盖顶饰五瓣覆莲瓣纹，盖面贴塑二层覆莲瓣纹。身敛口，尖唇，平底略内凹，足部外撇，罐身饰二层仰莲瓣纹，其间刻划二周凹弦纹。通高27.4、口径21.6、腹径30.4、底径16厘米（图五四，1；彩版一六，1）。

Gb型　1件。弧腹较深。

标本HZM192：1：1，夹砂黑灰陶。通身饰黑色陶衣。盖双层莲瓣座钮，平顶，斜壁，盖顶饰四

图五四　G型陶外罐
1. Ga型（HZM174：2：1）　2. Gb型（HZM192：1：1）　3. Gc型（HZM81：1）

瓣莲瓣纹,盖面贴塑五瓣莲瓣纹,间有刻划三角莲纹。身敛口,圆唇,平底略内凹,足部外撇,罐身贴塑三层仰莲瓣纹,莲瓣间对称刻划三角莲纹,近足部饰水波纹一周。通高44.8、口径26.4、腹径30.8、底径15.4厘米(图五四,2;彩版一六,2)。

Gc型 2件。斜直深腹。

标本HZM81∶1,夹砂灰白陶。盖缺失。身敛口,尖唇,平底略内凹,足部外撇,罐身饰凹弦纹五周、贴塑二层仰莲瓣纹。身高35、口径20.2、腹径25.4、底径14.8厘米(图五四,3;彩版一六,3)。

H型 3件。盖罐。依形态差异分二亚型。

Ha型 2件。弧腹较浅。

标本HZM194∶2∶1,泥质黄褐陶。盖缺失。身敛口,方唇,平底略内凹,足部略外撇,罐身贴塑九瓣莲瓣纹,其内对称刻划"S"形纹,莲瓣间刻划三角莲纹,腹部饰凹弦纹一周。身高27.2、口径21、腹径26、底径12.8厘米(图五五,1;彩版一七,1)。

Hb型 1件。弧腹较深。

标本HZM33∶1,夹砂灰陶。通身饰黑色陶衣。盖残缺。身敛口,下腹内收,平底,足略外撇,肩部贴塑花边纹二周,腹部贴塑八瓣仰莲瓣纹,莲瓣间刻划三角莲纹。通高(残)39、口径24.4、腹径30、底径15.4厘米(图五五,2;彩版一七,2)。

I型 10件。盖罐。依形态差异分三亚型。

Ia型 3件。斜直深腹。

标本HZM176∶2∶1,夹砂黄褐陶。盖缺失。身敛口,尖圆唇,平底略内凹,足部略外撇,罐身贴塑五瓣仰莲瓣纹,莲瓣纹间饰三角莲纹,莲瓣下刻划凹弦纹四周、水波纹一周。身高30、口径

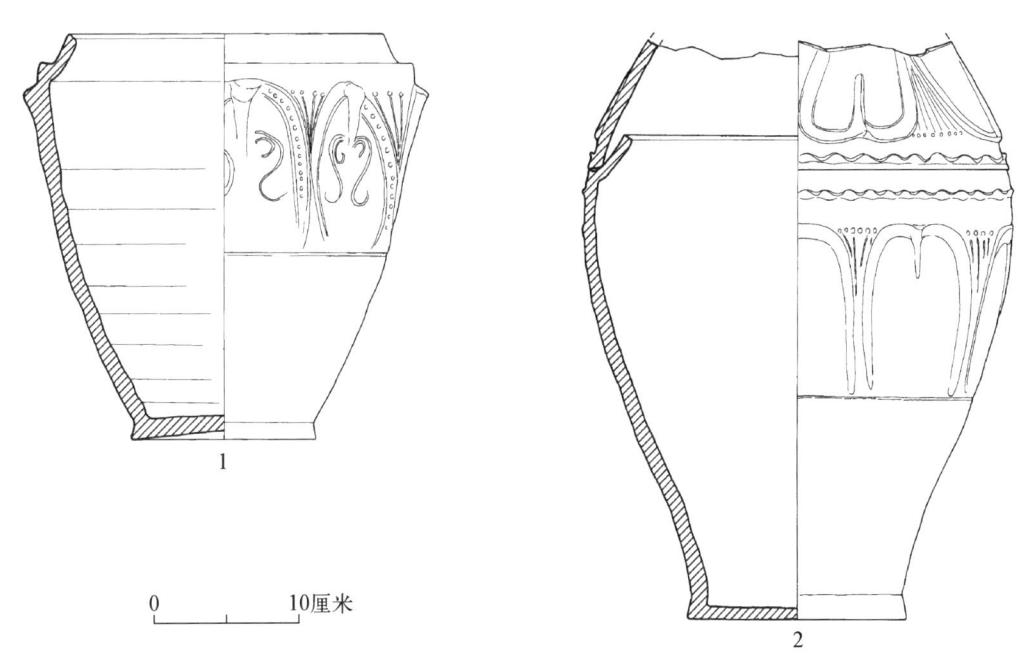

图五五 H型陶外罐

1. Ha型(HZM194∶2∶1) 2. Hb型(HZM33∶1)

22、腹径27.6、底径15.6厘米（图五六,2；彩版一七,3）。

标本HZM214：7：1，夹砂黄褐陶。盖缺失。身敛口，方唇，平底，足部略外撇，罐身贴塑五瓣仰莲瓣纹，莲瓣间饰三角莲纹，莲瓣下刻划凹弦纹二周、双线水波纹一周。身高30.4、口径25.6、腹径31、底径16.6厘米（图五六,1；彩版一七,4）。

Ib型　4件。弧腹。

标本HZM102：1，夹砂灰白陶。盖缺失。身敛口，尖唇，平底略内凹，足部外撇，肩部刻划凹弦纹二周，罐身贴塑五瓣仰莲瓣纹，莲瓣纹间饰三角莲纹。身高28.2、口径18.4、腹径25.6、底径15厘米（图五六,4；彩版一七,5）。

标本HZM128：3：1，夹砂灰白陶。盖缺失。身敛口，尖圆唇，平底，足部外撇，罐身刻划凹弦纹四周、贴塑五瓣仰莲瓣纹。身高26.2、口径18.8、腹径24.6、底径15厘米（图五六,5；彩版一七,6）。

标本HZM161：1，泥质灰白陶。盖残缺，盖身贴塑覆莲瓣纹一周。身敛口，尖圆唇，平底略内凹，足部外撇，罐身刻划凹弦纹四周、贴塑四瓣仰莲瓣纹，近足部饰水波纹及凸弦纹各一周。通高（残）30、口径19.6、腹径25.6、底径15厘米（图五六,3）。

Ic型　3件。斜腹内收。体型略小。

标本HZM181：2：1，夹砂黑灰陶。通体饰黑色陶衣。盖缺失。身敛口，方唇，平底略内凹，足部外撇，罐身饰刻划凹弦纹二周，贴塑四瓣仰莲瓣纹，莲瓣下刻划水波纹二周。身高24、口径19.6、腹径22.2、底径13.4厘米（图五六,6；彩版一八,2）。

标本HZM187：1，夹砂黑灰陶。通体饰黑色陶衣。盖塔形莲瓣座钮，平顶略内凹，斜壁内折沿，盖顶贴塑五瓣莲瓣纹，盖面依次饰水波纹一周、凹弦纹二周，贴塑五瓣覆莲瓣纹，莲瓣间饰花草纹。身敛口，方唇，平底，罐身依次刻划凹弦纹四周，贴塑五瓣仰莲瓣纹，内饰刻划草叶纹。通高40.8、口径23.6、腹径27.6、底径12.6厘米（图五六,7；彩版一八,1）。

J型　6件。盖罐。依大小差异分二亚型。

Ja型　3件。斜直腹内收。体型大。

标本HZM134：1，夹砂黄褐陶。盖钮缺失，斜壁，盖顶饰凹弦纹一周，盖面贴塑五瓣覆莲瓣纹，瓣内对称刻划"S"形纹。身敛口，方唇，平底，足部略外撇，罐身贴塑五瓣仰莲瓣纹。通高37.2、口径18、腹径24.8、底径14.8厘米（图五七,1；彩版一九,1）。

标本HZM149：1，夹砂黄褐陶。盖缺失。身敛口，尖唇，腹略鼓，平底略内凹，足部略外撇，肩部饰花边纹一周，罐身贴塑六瓣仰莲瓣纹，莲瓣纹大小不一，不规整。身高24.4、口径18.8、腹径24、底径13.6厘米（图五七,2；彩版一九,2）。

Jb型　3件。弧腹。体型小。

标本HZM154：2：1，夹砂灰陶。盖缺失。身敛口，圆唇，平底略内凹，足部略外撇，罐身贴塑六瓣仰莲瓣纹。身高21.2、口径21.2、腹径24、底径15.2厘米（图五七,3；彩版一九,3）。

K型　30件。盖罐。依形态差异分三亚型。

Ka型　12件。鼓腹。

第二章 墓葬分布、形制及详例

图五六 Ⅰ型陶外罐

1、2. Ⅰa型（HZM214∶7∶1、HZM176∶2∶1） 3～5. Ⅰb型（HZM161∶1、HZM102∶1、HZM128∶3∶1） 6、7. Ⅰc型（HZM181∶2∶1、HZM187∶1）

图五七　J型陶外罐

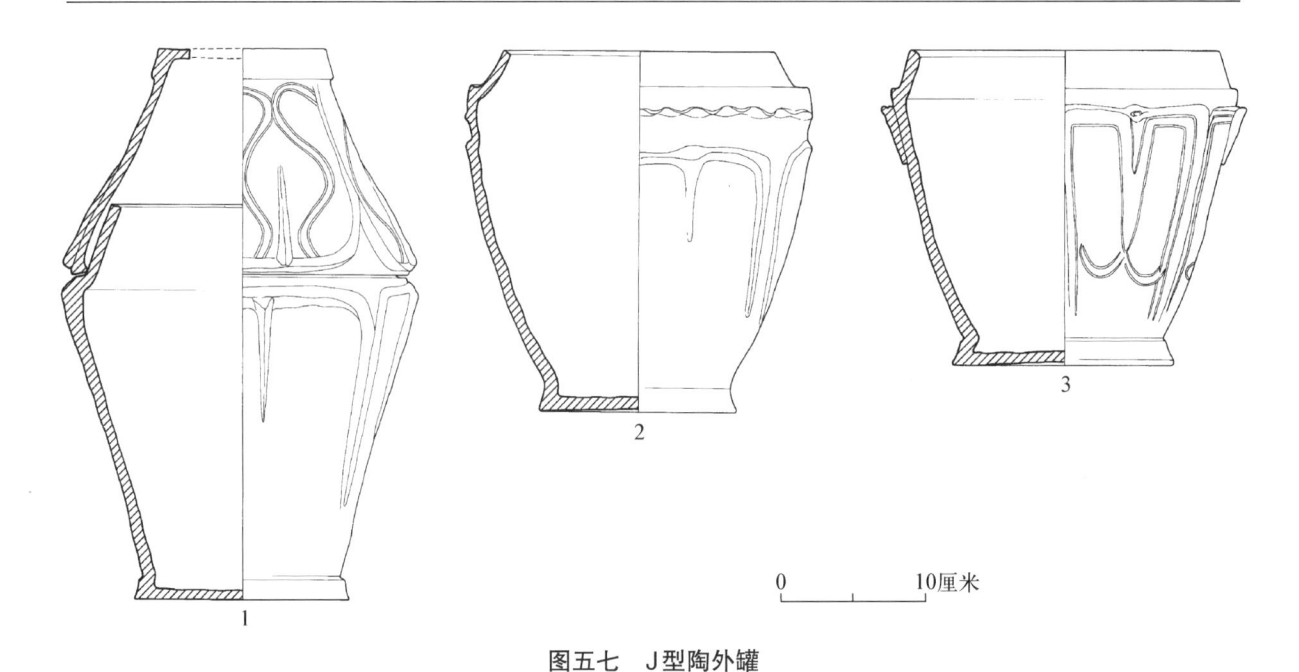

1、2. Ja型（HZM134∶1、HZM149∶1）　3. Jb型（HZM154∶2∶1）

标本HZM141∶1∶1，夹砂灰陶。盖缺失。身敛口，方唇，平底，假圈足外撇，罐身刻划双线水波纹三周及贴塑花边纹一周。身高21.6、口径19.6、腹径23.2、底径13.2厘米（图五八，3；彩版二〇，2）。

标本HZM141∶5∶1，夹砂灰陶。盖钮缺失，平顶，斜壁，盖面贴塑覆莲瓣纹。身敛口，方唇，平底略内凹，假圈足外撇，罐身饰双线刻划水波纹三周及凹弦纹一周。通高36、口径19.6、腹径23.6、底径13厘米（图五八，5；彩版二〇，1）。

标本HZM174∶3∶1，夹砂灰陶。盖缺失。身敛口，方唇，平底略内凹，假圈足外撇，罐身刻划双线水波纹及凹弦纹二周，贴塑花边纹一周。身高23.2、口径19.2、腹径26.4、底径12.8厘米（图五八，6；彩版二〇，3）。

标本HZM179∶1∶1，夹砂灰陶。盖莲瓣座钮，平顶，斜壁，盖顶刻划同心纹和水波纹，盖面贴塑五瓣覆莲瓣纹。身敛口，尖圆唇，平底略内凹，假圈足外撇，腹部依次饰双线刻划水波纹二周及花边纹一周、凹弦纹三周，近足部饰双线水波纹一周。通高38.4、口径18.4、腹径24.2、底径12.6厘米（图五八，4；彩版二一，1）。

标本HZM181∶5，夹砂黑灰陶。盖缺失。身敛口，尖圆唇，斜直腹，平底略内凹，肩腹部饰附加花边纹一周。身高23.8、口径20、腹径24、底径14厘米（图五八，1；彩版二一，2）。

标本HZM215∶5∶1，夹砂灰陶。盖缺失。身敛口，方唇，平底略内凹，假圈足外撇，肩腹部饰双线刻划水波纹四周、凹弦纹二周，水波纹内贴塑花边纹一周。身高25、口径19.6、腹径23、底径13.8厘米（图五八，2；彩版二一，3）。

Kb型　14件。斜腹内收。

图五八　Ka型陶外罐

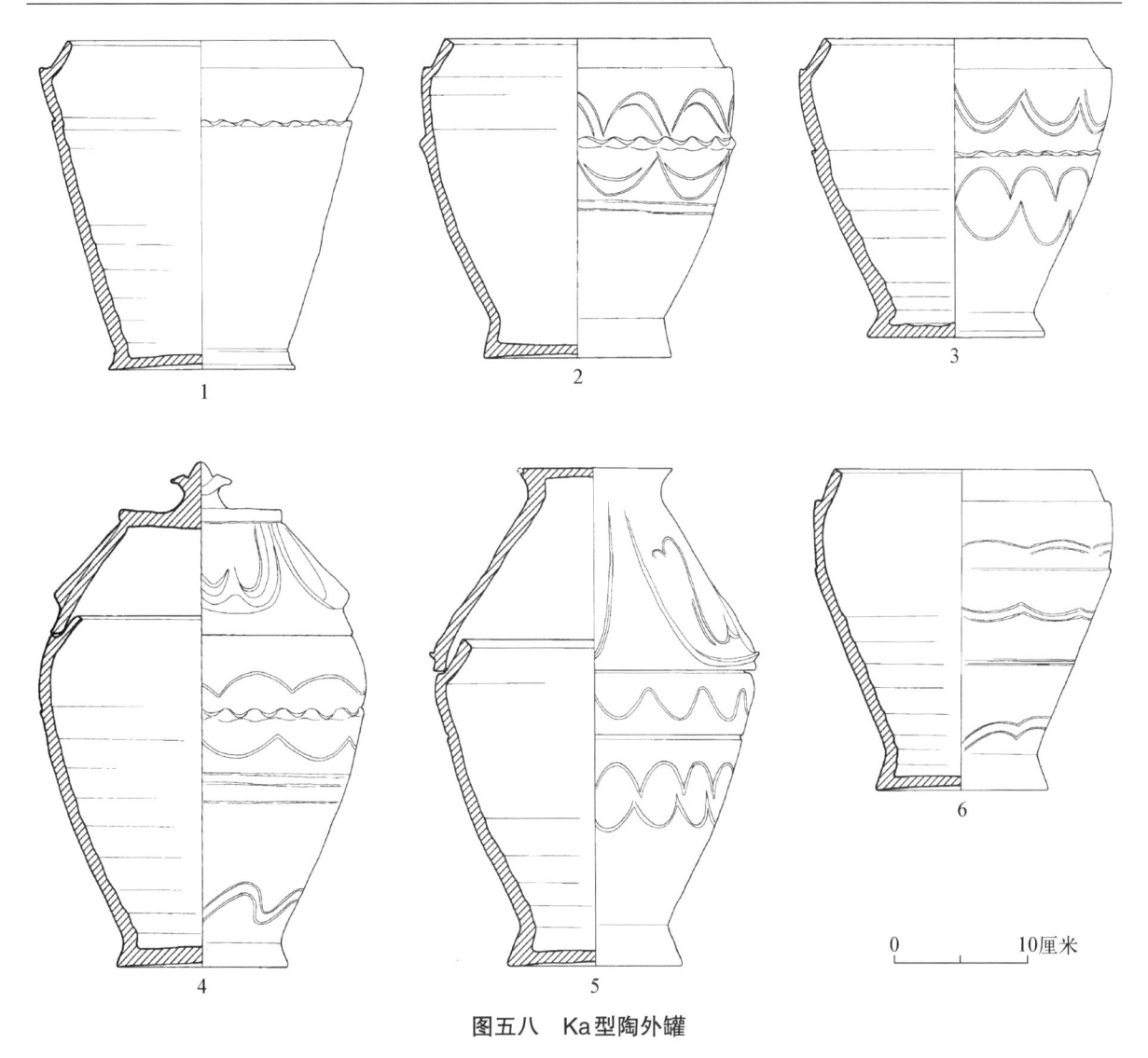

1. HZM181∶5　2. HZM215∶5∶1　3. HZM141∶1∶1　4. HZM179∶1∶1　5. HZM141∶5∶1　6. HZM174∶3∶1

标本HZM76∶1，泥质灰陶。盖缺失。身敛口，平底略内凹，假圈足外撇，罐身依次饰双线刻划水波纹及贴塑花边纹各二周。身高22.6、口径18、腹径20.4、底径12厘米（图五九，2）。

标本HZM140∶1，泥质灰陶。盖残缺。身敛口，方唇，平底内凹，假圈足外撇，肩腹部依次刻划凹弦纹二周、双线水波纹三周、花边纹一周。通高（残）24、口径17、腹径20.8、底径14.4厘米（图五九，3）。

标本HZM167∶2∶1，夹砂灰陶。盖钮残缺，平顶，束颈，斜壁，盖顶刻划凹弦纹及水波纹各一周，盖面贴塑四瓣覆莲瓣纹。身敛口，尖唇，平底略内凹，假圈足外撇，肩腹部贴塑花边纹二周、双线刻划水波纹一周。通高37.5、口径18.8、腹径24、底径13.6厘米（图五九，4；彩版二二，1）。

标本HZHZM174∶1∶1，泥质灰陶。盖为两层莲瓣形钮，平顶，束颈，斜壁，盖顶刻划同心圆纹二周内套水波纹一周，盖面饰双线水波纹一周，贴塑四瓣覆莲瓣纹。身敛口，方唇，斜直腹，平底略内凹，假圈足外撇，口沿外壁有朱书梵文，罐身依次饰花边纹二周、双线刻划水波纹三周。通高39.8、口径18.4、腹径25.6、底径15厘米（图五九，1；彩版二二，2）。

Kc型　4件。弧腹。器形矮小。

标本HZM214：3：1，夹砂褐陶。盖钮缺失，平顶，束颈，斜壁，盖顶饰覆莲瓣纹四瓣，盖面依次饰双线水波纹一周、贴塑覆莲瓣纹四瓣，莲瓣间为三角莲纹。身敛口，方唇，平底略内凹，假圈足外撇，罐身依次饰凹弦纹三周、双线刻划水波纹二周、花边纹一周，足部饰双线水波纹二周。

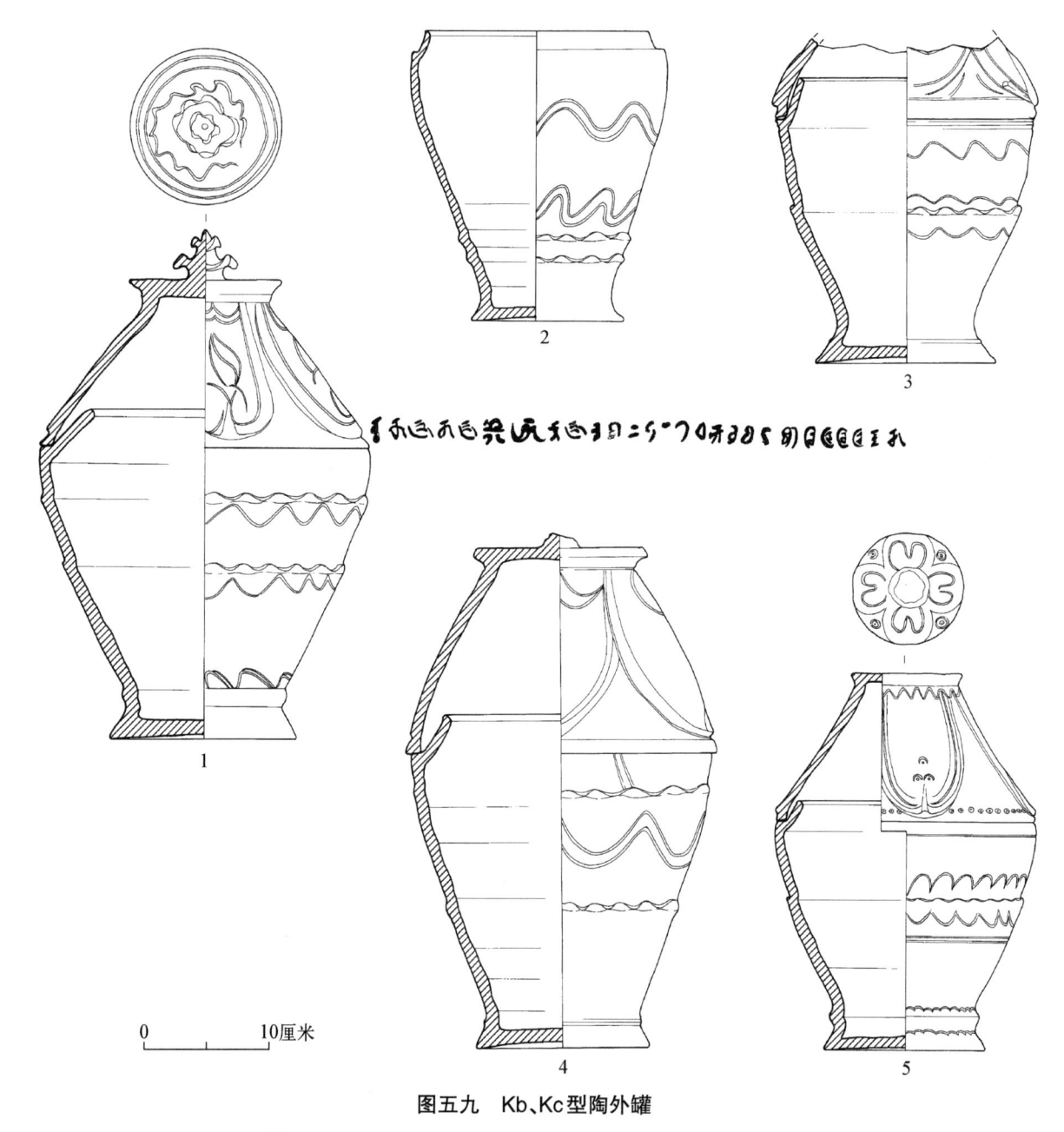

图五九　Kb、Kc型陶外罐

1～4. Kb型（HZM174：1：1、HZM76：1、HZM140：1、HZM167：2：1）　5. Kc型（HZM214：3：1）

通高28.5、口径17.2、腹径20.8、底径12.8厘米（图五九,5；彩版二三,1）。

L型 1件。盖罐。

标本HZM175:1，夹砂白陶。盖缺失。身侈口，鼓腹，平底，下腹部饰刻划卷草纹及仰莲瓣纹各一周。身高25.6、口径24、腹径26.4、底径17.2厘米（图六〇,1；彩版二三,2）。

M型 1件。盖罐。

标本HZM182:1，泥质灰陶。盖缺失。身敛口，尖唇，直腹下收，平底略内凹，足部略外撇，腹部饰花边纹一周。身高25、口径18.4、腹径23、底径15厘米（图六〇,2；彩版二三,3）。

N型 34件。盖罐。依形态差异分三亚型。

Na型 8件。弧腹。

标本HZM179:2:1，夹砂灰陶。盖莲瓣座钮，平顶，斜壁，盖面饰双线刻划水波纹二周，内套花边纹一周。身敛口，尖唇，平底略内凹，足略外撇，肩部饰花边纹一周。通高37.2、口径18.6、腹径23.2、底径12.8厘米（图六一,4；彩版二四,1）。

标本HZM183:2:1，夹砂灰陶。盖莲瓣座钮，平顶，斜壁，盖顶饰刻划水波纹一周，盖面依次饰花边纹二周、刻划凹弦纹四周及双线水波纹二周，内壁有朱书梵文。身敛口，方唇，平底略内凹，足略外撇，肩部饰花边纹一周。通高39、口径18、腹径23.6、底径14.4厘米（图六一,2；彩版二四,2）。

标本HZM215:3:1，泥质灰白陶。盖莲瓣座钮，平顶，斜壁，盖顶饰刻划凹弦纹及水波纹各二周，盖面依次刻划水波纹、凹弦纹二周、花边纹一周。身敛口，方唇，平底略内凹，足略外撇，罐身依次饰双线刻划水波纹二周，内套花边纹一周，近足部饰双线水波纹一周。通高33.4、口径18.4、腹径23.6、底径13.2厘米（图六一,3；彩版二四,3）。

标本HZM215:4:1，夹砂灰白陶。盖莲瓣座钮，平顶，弧壁，盖顶饰刻划水波纹一周、同心圆

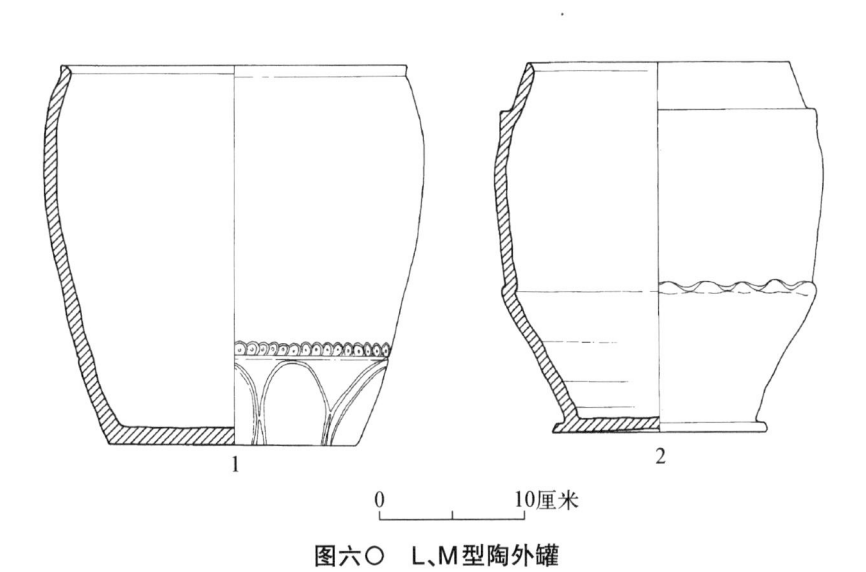

图六〇 L、M型陶外罐
1. L型（HZM175:1） 2. M型（HZM182:1）

图六一　Na 型陶外罐

1. HZM215:4:1　2. HZM183:2:1　3. HZM215:3:1　4. HZM179:2:1

纹二周,顶缘饰花边纹一周,盖面依次饰刻划水波纹三周、花边纹一周。身敛口,尖唇,平底略内凹,足略外撇,腹部饰双线刻划水波纹二周,内套花边纹一周、凹弦纹二周,近足部饰双线刻划水波纹一周。通高34、口径18.4、腹径23.2、底径13.6厘米(图六一,1;彩版二四,4)。

Nb型 5件。斜腹内收。

标本HZM120∶1，夹砂灰陶。盖塔形钮，拱顶，弧壁，顶缘及盖面饰花边纹各一周。身敛口，方唇，斜直腹深，平底，肩部饰花边纹一周。通高33、口径17.6、腹径21.2、底径11厘米（图六二，1；彩版二五，1）。

标本HZM209∶4∶1，泥质灰陶。盖缺失。身敛口，方唇，下腹内收，平底略内凹，肩腹部依次饰花边纹一周、双线刻划水波纹二周。身高24.8、口径19.8、腹径24.4、底径11.4厘米（图六二，2；彩版二五，2）。

Nc型 21件。斜直腹。

标本HZM183∶1∶1，夹砂灰陶。盖缺失。身敛口，圆唇，平底，足略外撇，肩腹部依次饰花边纹、双线刻划水波纹各一周、凹弦纹二周。身高20.8、口径19.2、腹径22.8、底径12.6厘米（图六二，4；彩版二六，1）。

标本HZM192∶3∶1，夹砂黑灰陶。盖缺失。身敛口，圆唇，平底略内凹，足略外撇，肩腹部依次饰花边纹、双线刻划水波纹各一周、凹弦纹二周。身高22.4、口径19.6、腹径23.2、底径12.4厘米

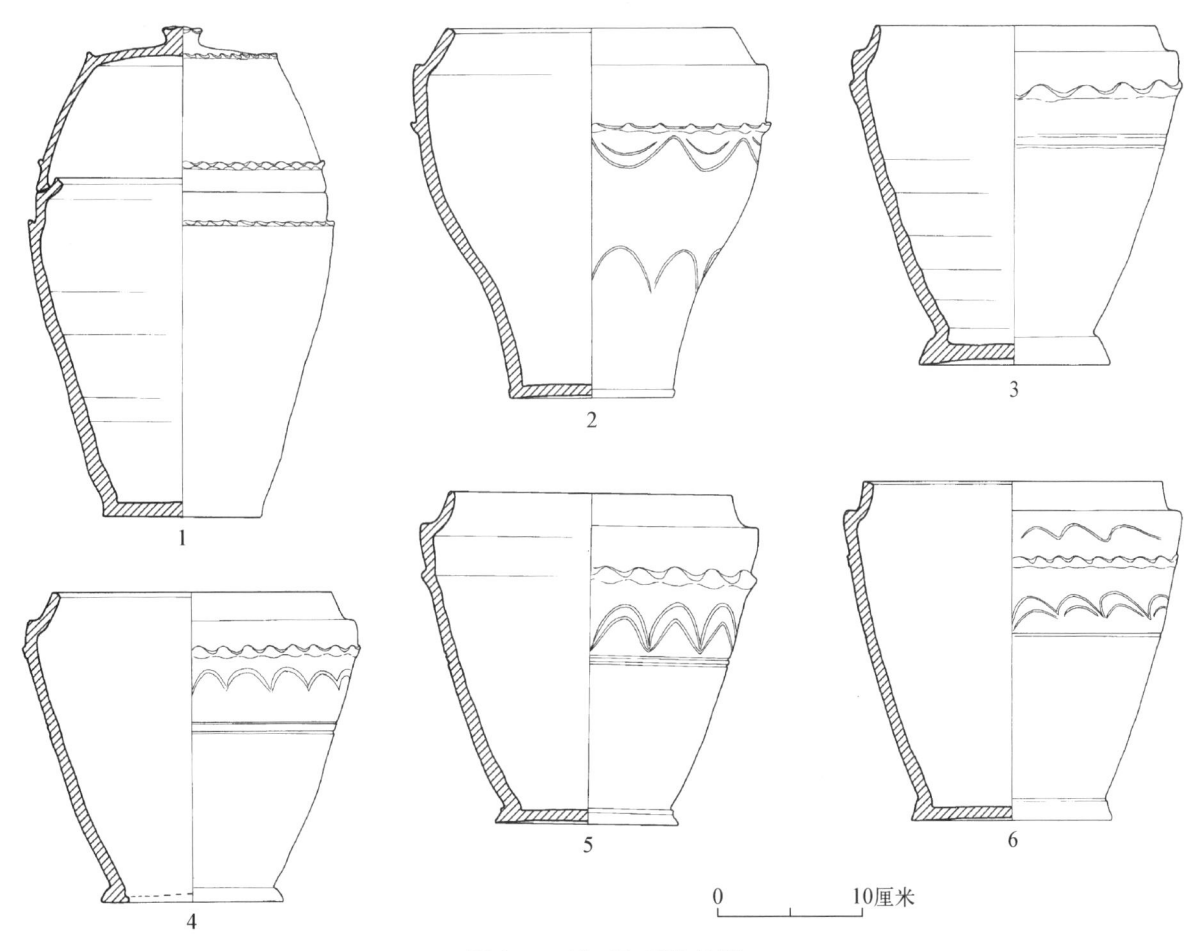

图六二 Nb、Nc型陶外罐

1、2. Nb型（HZM120∶1、HZM209∶4∶1） 3～6. Nc型（HZM214∶2∶1、HZM183∶1∶1、HZM192∶3∶1、HZM214∶4∶1）

(图六二,5;彩版二六,2)。

标本HZM214:2:1,夹砂褐陶。盖缺失。身敛口,圆唇,平底略内凹,肩腹部依次饰花边纹一周、凹弦纹二周。身高22.8、口径19.6、腹径22.4、底径13.4厘米(图六二,3;彩版二六,3)。

标本HZM214:4:1,夹砂褐陶。盖缺失。身敛口,方唇,平底略内凹,肩腹部依次饰双线刻划水波纹二周、花边纹、凹弦纹各一周。身高22.8、口径20.8、腹径23.6、底径14厘米(图六二,6;彩版二六,4)。

O型　17件。盖罐。罐身素面或有少量纹饰。依形态差异分三亚型。

Oa型　7件。斜直深腹。

标本HZM200:1,泥质灰陶。盖缺失。身敛口,方唇,平底,足略外撇,腹部饰花边纹及凹弦纹各一周。身高27、口径19.6、腹径24、底径12.4厘米(图六三,1;彩版二七,1)。

标本HZM208:1,泥质灰陶。盖缺失。身敛口,方唇,下腹略鼓,平底略内凹,足略外撇,肩部饰凹弦纹二周,足部饰花边纹一周。身高29.2、口径23.6、腹径26.4、底径16厘米(图六三,2;彩版二七,2)。

Ob型　7件。弧腹内收。

标本HZM150:1:1,夹砂灰陶。盖缺失。身敛口,尖唇,平底,足略外撇,肩腹部依次饰凸弦纹、双线刻划水波纹一周、凹弦纹二周。身高27、口径22.8、腹径27.2、底径14厘米(图六三,3;彩版二八,1)。

Oc型　3件。斜腹。

标本HZM27:1,夹砂灰白陶。盖缺失。身敛口,尖唇,平底,足略外撇,肩部饰凸弦纹一周。身高25、口径22.4、腹径27、底径13.6厘米(图六三,4;彩版二八,2)。

标本HZM71:1,泥质灰白陶,盖缺失。身敛口,方唇,平底略内凹,足略外撇,肩部饰凸弦纹一周,腹部饰凹弦纹一周。身高23.8、口径22、腹径25、底径14.6厘米(图六三,5;彩版二八,3)。

标本HZM195:1,夹砂灰陶。盖缺失。身敛口,尖唇,平底略内凹,素面。身高28.4、口径23.6、腹径28.8、底径13.6厘米(图六三,6;彩版二八,4)。

P型　5件。盖罐。弧腹。

标本HZM209:2:1,泥质灰陶。盖钮缺失,平顶,束颈,斜壁,盖顶缘饰花边纹一周,盖面饰双线刻划水波纹三周、花边纹一周。身敛口,方唇,平底,足略外撇,腹部饰双线刻划水波纹一周、花边纹二周。通高35、口径19.6、腹径23.6、底径14.2厘米(图六三,7;彩版二七,3)。

Q型　41件。盖罐。腹较浅。依形态大小差异分二亚型。

Qa型　28件。斜直腹下收。体型较高。

标本HZM46:1,夹砂灰陶。盖缺失。身敛口,尖唇,平底略内凹,假圈足外撇,腹部饰双线刻划水波纹、花边纹各二周。身高24.4、口径18、腹径25.6、底径14厘米(图六四,1;彩版二九,1)。

标本HZM58:1,夹砂灰陶。盖钮缺失,平顶,束颈,盖面饰双线刻划水波纹二周,内套凸弦纹二周。身敛口,方唇,平底略内凹,假圈足外撇,腹部饰双线刻划水波纹三周,内套花边纹一周。通高34、口径18.4、腹径23.2、底径14厘米(图六四,6;彩版三〇,1)。

图六三 O、P型陶外罐

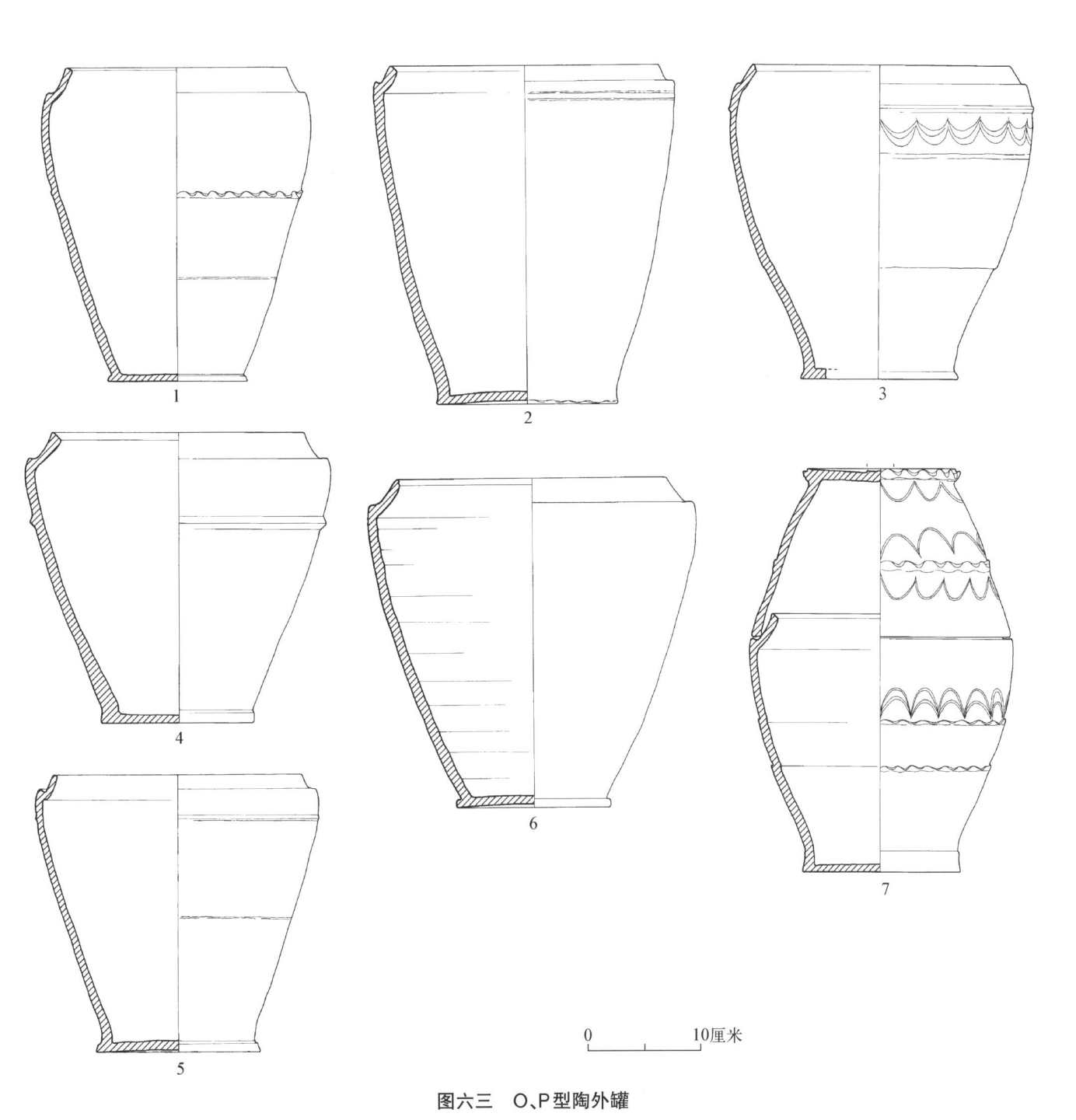

1、2. Oa型（HZM200∶1、HZM208∶1） 3. Ob型（HZM150∶1∶1） 4～6. Oc型（HZM27∶1、HZM71∶1、HZM195∶1） 7. P型（HZM209∶2∶1）

图六四 Q型陶外罐

1~6.Qa型（HZM46:1、HZM61:6:1、HZM173:1、HZM139:1:1、HZM155:1:1、HZM58:1） 7、8.Qb型（HZM75:1、HZM61:7:1）

标本HZM61：6：1，泥质黄褐陶。盖钮残缺，平顶，束颈，斜壁，盖顶刻划水波纹三周，盖面饰刻划水波纹、花边纹各二周。身敛口，方唇，平底略内凹，假圈足外撇，罐身饰双线刻划水波纹、花边纹各二周。通高33.2、口径17.2、腹径23.6、底径14.8厘米（图六四，2）。

标本HZM139：1：1，夹砂灰陶。盖缺失。身敛口，尖圆唇，平底略内凹，假圈足外撇，腹部饰双线刻划水波纹、花边纹各一周。身高21.2、口径18、腹径22、底径14.2厘米（图六四，4；彩版二九，2）。

标本HZM155：1：1，夹砂灰陶。盖缺失。身敛口，尖唇，平底内凹，假圈足外撇，腹部饰双线刻划水波纹、花边纹各二周。身高21.8厘米，口径20厘米，腹径22.8厘米，底径14厘米（图六四，5；彩版二九，3）。

标本HZM173：1，夹砂灰陶。盖钮缺失，平顶，束颈，斜壁，盖顶饰双线刻划水波纹二周，盖面饰双线刻划水波纹二周，内套凹弦纹二周。身敛口，尖唇，平底略内凹，假圈足外撇，腹部饰双线刻划水波纹二周，内套凹弦纹二周。通高31.5、口径18、腹径22.8、底径13.8厘米（图六四，3；彩版二九，4）。

Qb型　13件。斜弧腹。体型较矮。

标本HZM61：7：1，夹砂灰陶。盖缺失。身敛口，尖圆唇，斜弧腹，平底略内凹，腹部饰双线刻划水波纹二周，内套花边纹二周。身高19.4、口径18.8、腹径23.8、底径16.4厘米（图六四，8）。

标本HZM75：1，泥质黑灰陶。盖钮残缺，平顶，束颈，弧壁，盖面饰双线刻划水波纹、花边纹各三周。身敛口，方唇，斜弧腹，平底，罐身饰双线刻划水波纹三周、花边纹三周。通高30.2、口径21、腹径24、底径13.6厘米（图六四，7；彩版三〇，2）。

R型　27件。盖罐。依形态差异分二亚型。

Ra型　15件。斜直腹。足较矮。

标本HZM106：1，夹砂灰陶。盖缺失。身敛口，方唇，平底略内凹，假圈足外撇，肩部饰刻划水波纹一周，腹部饰双线刻划水波纹、花边纹各二周。身高22、口径17.6、腹径21.6、底径13厘米（图六五，1；彩版三一，2）。

标本HZM108：1，夹砂灰陶。盖钮缺失，平顶，束颈，斜壁，盖身饰双线刻划水波纹四周，内套花边纹二周。身敛口，尖圆唇，平底略内凹，假圈足外撇，肩腹部饰双线刻划水波纹、花边纹各二周。通高33.2、口径18、腹径22.4、底径13.4厘米（图六五，2）。

标本HZM137：1，夹砂灰陶。盖缺失。身敛口，尖唇，平底略内凹，假圈足外撇，腹部饰刻划水波纹一周，近足部饰堆塑花边、交叉水波纹各二周。身高21.1、口径18.6、腹径22.2、底径13.4厘米（图六五，4；彩版三一，3）。

标本HZM210：1，泥质灰陶。盖钮缺失，平顶，束颈，斜弧壁，盖顶饰双线刻划水波纹一周，盖面饰双线刻划水波纹二周、花边纹一周。身敛口，方唇，平底略内凹，假圈足外撇，腹部饰双线刻划水波纹、花边纹各一周，近足部饰水波纹一周。通高33.5、口径16.4、腹径20.8、底径12.6厘米（图六五，3；彩版三一，1）。

Rb型　12件。斜腹下收。整体似杯形，足较高。

图六五　R型陶外罐

1～4. Ra型（HZM106∶1、HZM108∶1、HZM210∶1、HZM137∶1）　5～8. Rb型（HZM45∶1、HZM121∶1、HZM49∶1、HZM43∶1）

标本HZM43：1，泥质灰陶。盖缺失。身敛口，尖圆唇，平底略内凹，假圈足外撇。肩腹部饰双线刻划水波纹四周、花边纹三周。身高25.4、口径17.2、腹径23.2、底径12厘米（图六五，8；彩版三二，1）。

标本HZM45：1，夹砂灰陶。盖缺失。身敛口，方唇，平底略内凹，假圈足外撇，腹部饰花边纹、双线刻划水波纹各二周。身高23.6、口径20、腹径23、底径14厘米（图六五，5；彩版三二，2）。

标本HZM49：1，泥质灰陶。盖缺失。身敛口，尖圆唇，平底略内凹，假圈足外撇，肩腹部饰双线刻划水波纹、花边纹各三周。身高26、口径17.6、腹径21.2、底径12厘米（图六五，7；彩版三二，3）。

标本HZM121：1，夹砂灰白陶。盖莲瓣座钮，平顶，束颈，斜壁，盖顶饰刻划仰莲瓣纹，盖面饰双线刻划水波纹四周，内套花边纹二周。身敛口，尖唇，平底略内凹，假圈足外撇，肩腹部饰花边纹三周、双线刻划水波纹二周、交叉水波纹一周。通高37、口径18、腹径22、底径12.4厘米（图六五，6；彩版三二，4）。

S型　7件。盖罐。鼓肩，斜弧腹。装饰纹饰简化、随意。

标本HZM35：1，夹砂黑灰陶。盖钮缺失，平顶，束颈，斜壁略弧，盖面饰刻划水波纹二周，内套花边纹二周。身敛口，尖唇，平底略内凹，足部外撇，腹部饰双线刻划水波纹、花边纹各一周。通高33、口径17.6、腹径25.2、底径14.8厘米（图六六，1；彩版三三，1）。

标本HZM127：2：1，泥质灰陶。盖缺失。身敛口，尖唇，平底略内凹，足部外撇，肩部饰双线刻划水波纹一周、花边纹二周，腹部依次刻划仰莲瓣纹二周、花边纹二周。身高24.6、口径20、腹径24.8、底径14.4厘米（图六六，2；彩版三三，2）。

T型　6件。盖罐。腹略鼓。

标本HZM54：1：1，泥质灰陶。盖顶残缺，弧壁外斜，盖面饰双线刻划水波纹二周，内套花边纹一周。身敛口，方唇，平底略内凹，假圈足外撇，肩腹部依次饰双线刻划水波纹四周、花边纹二周。通高（残）31.5、口径18、腹径23.6、底径15.6厘米（图六六，6；彩版三四，1）。

标本HZM54：2：1，泥质灰白陶。盖上部缺失。身敛口，尖圆唇，平底略内凹，假圈足外撇，腹部饰刻划水波纹、花边纹各一周。通高（残）32、口径18.8、腹径24.4、底径16厘米（图六六，4）。

标本HZM67：1，泥质灰陶。盖钮缺失，平顶，束颈，斜壁，盖顶饰双线刻划草叶纹，盖面饰双线刻划水波纹一周。身敛口，尖唇，平底，假圈足外撇，腹部饰双线刻划水波纹二周。通高32.5、口径19.2、腹径23.6、底径14厘米（图六六，5；彩版三四，2）。

标本HZM112：1，泥质灰陶。盖莲瓣座钮，平顶略内凹，束颈，斜壁，素面。身敛口，方唇，平底略内凹，假圈足外撇，素面。通高37、口径14.8、腹径20、底径12.8厘米（图六六，3）。

U型　4件。直腹，大平底。

标本HZM5：1，夹砂灰陶。残留器底，平底略内凹，素面。残高7、底径24.8厘米（图六七，2）。

标本HZM87：1，泥质灰陶。器身上部缺失，直腹，平底略内凹，素面。残高22.6、腹径32、底径29.8厘米（图六七，1；彩版三五，3）。

V型　4件。斜直腹，小平底。

标本HZM12：1，夹砂灰陶。身敛口，方唇，束颈，平底略内凹，素面。身高28.8、口径18、腹径

图六六　S、T型陶外罐

1、2. S型（HZM35∶1、HZM127∶2∶1）　3～6. T型（HZM112∶1、HZM54∶2∶1、HZM67∶1、HZM54∶1∶1）

22.6、底径13.6厘米（图六七，3；彩版三五，1）。

W型　6件。斜直深腹，小平底。

标本HZM156∶1，夹砂灰陶。器身肩部以上缺失，平底略内凹，腹部饰凹弦纹六周。残高33、腹径27.2、底径15.2厘米（图六七，4；彩版三五，2）。

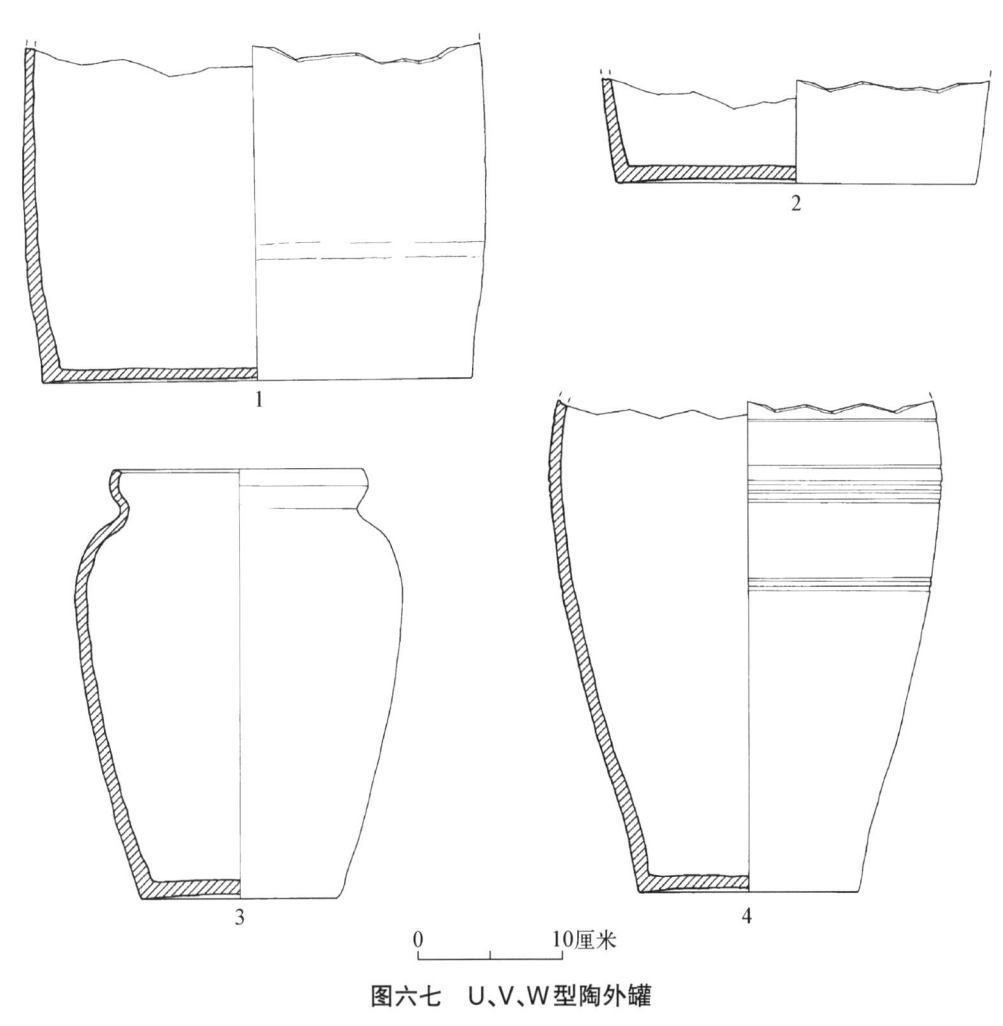

图六七　U、V、W型陶外罐
1、2. U型（HZM87∶1、HZM5∶1）　3. V型（HZM12∶1）　4. W型（HZM156∶1）

（二）内罐

共199件。盛殓骨灰及随葬器物。陶质多为泥质，陶色以灰、黑灰为主，器表往往施一层黑色陶衣。亦有少量灰白陶，其中以夹砂陶居多。依口沿不同分为侈口罐、直口罐、敛口罐三类。

1. 侈口罐

共76件。盖罐。依装饰风格差异分三型。

A型　28件。依形状大小差异分三亚型。

Aa型　15件。体型较高。鼓腹。

标本HZM25∶2，泥质灰陶。盖尖圆钮，拱顶，弧壁。身圆唇，短颈，平底略内凹，假圈足外撇，罐身饰凹弦纹二周、四瓣仰莲瓣纹。通高26.2、口径11.2、腹径18.8、底径11.2厘米（图六八，1；彩版三六，1）。

标本HZM26∶2，夹砂黑灰陶。盖尖圆钮，钮下起小圆台，拱顶，弧壁。身圆唇，短颈，平底略内凹，假圈足外撇，罐身饰四瓣不规则仰莲瓣纹，莲瓣间刻划三角莲纹。通高29.2、口径11.6、腹径

图六八 Aa型侈口陶内罐

1. HZM25:2 2. HZM26:2 3. HZM184:2 4. HZM190:2 5. HZM204:2 6. HZM216:2
7. HZM220:2 8. HZM221:1:2

18.8、底径11.6厘米(图六八,2;彩版三六,2)。

标本HZM184:2,夹砂灰陶。盖尖圆钮,钮下起小圆台,平顶,弧壁。身短颈,平底略内凹,假圈足外撇,罐身饰仰莲瓣纹五瓣,莲瓣间饰三角莲纹。通高26、口径8.8、腹径16、底径10.4厘米(图六八,3;彩版三六,3)。

标本HZM190:2,夹砂灰陶。盖尖圆钮,平顶,弧壁,盖面饰凹弦纹四周,内壁有朱书梵文。身尖圆唇,平底略内凹,假圈足外撇,罐身饰瘦长仰莲瓣纹七瓣,莲瓣间饰三角莲纹,内壁有朱书梵文。通高24.8、口径10.4、腹径16.8、底径10.6厘米(图六八,4)。

标本HZM204:2,泥质灰陶。盖尖圆钮,弧顶,弧壁,盖面饰刻划法轮纹。身尖圆唇,平底略内凹,假圈足外撇,罐身饰二层仰莲纹。通高26.8、口径10.4、腹径18.8、底径12厘米(图六八,5;彩版三六,5)。

标本HZM216:2,夹砂黄褐陶。盖塔形钮,平顶略内凹,弧壁外斜,盖面饰凸弦纹一周。身圆唇,平底略内凹,假圈足外撇,罐身饰仰莲瓣纹五瓣,莲瓣间饰三角莲纹。通高28.8、口径10、腹径19.6、底径11.2厘米(图六八,6;彩版三六,4)。

标本HZM220:2,夹砂灰白陶。盖尖圆钮,弧顶,弧壁外斜。身尖圆唇,平底略内凹,假圈足外撇,罐身饰仰莲瓣纹五瓣。通高26.6、口径9.6、腹径18.4、底径13.2厘米(图六八,7)。

标本HZM221:1:2,夹砂黄褐陶。盖双层塔形钮,弧顶,弧壁外斜。身圆唇,平底略内凹,假圈足外撇,腹部饰仰莲瓣纹五瓣,莲瓣间饰三角莲纹。通高27.8、口径9.6、腹径16.8、底径10.4厘米(图六八,8)。

Ab型　11件。体型略矮。鼓腹。

标本HZM109:5,泥质黑灰陶。盖圆钮,平顶略内凹,弧壁。身圆唇,短颈,平底,假圈足外撇,罐身饰四瓣仰莲瓣纹。通高20.6、口径10.4、腹径15.6、底径10厘米(图六九,7;彩版三七,1)。

标本HZM116:2,泥质灰陶。盖圆钮,平顶略内凹,弧壁,盖顶堆塑覆莲瓣纹。身圆唇,平底,足部略外撇,罐身饰五瓣仰莲瓣纹。通高25、口径9.2、腹径17、底径11.2厘米(图六九,2;彩版三七,2)。

标本HZM168:2,夹砂黑灰陶。盖圆台钮,平顶,弧壁外斜。身尖圆唇,短颈,平底略内凹,假圈足外撇,罐身饰仰莲瓣纹四瓣,莲瓣间刻划三角莲纹。通高22.2、口径8.8、腹径16、底径10.2厘米(图六九,8;彩版三七,3)。

标本HZM170:2:2,夹砂黑陶。盖莲花形钮,平顶,弧壁,内壁朱书梵文一周。身尖圆唇,短颈,平底略内凹,假圈足外撇,罐身均匀堆塑五个仰莲瓣纹,莲瓣间刻划三角莲纹。通高22.2、口径10、腹径16.8、底径11.2厘米(图六九,4;彩版三七,4)。

标本HZM171:2,泥质灰陶。盖塔形钮,拱顶,弧壁外斜。身圆唇,短颈,平底略内凹,假圈足外撇,罐身饰仰莲瓣纹五瓣,莲瓣下刻划凹弦纹三周。通高25、口径10.8、腹径16.4、底径11.2厘米(图六九,3)。

标本HZM177:2,泥质灰陶。盖圆台钮,平顶,弧壁,沿内折,内壁有朱书梵文一周。身尖圆

图六九　Ab型侈口陶内罐

1. HZM177：2　2. HZM116：2　3. HZM171：2　4. HZM170：2：2　5. HZM207：3：2
6. HZM197：1：2　7. HZM109：5　8. HZM168：2　9. HZM218：2

唇，平底略内凹，足部外撇，罐身饰五瓣仰莲瓣纹，莲瓣间饰三角莲纹。通高23.8、口径10.4、腹径16.2、底径9.6厘米（图六九，1；彩版三七，5）。

标本HZM197：1：2，泥质灰陶。盖尖圆钮，平顶，弧壁，盖面贴塑仰莲瓣纹一周。身尖圆唇，平底略内凹，足部外撇，腹部饰凹弦纹一周和仰莲瓣纹七瓣。通高24.4、口径10.4、腹径18.8、底径11.4厘米（图六九，6）。

标本HZM207：3：2，泥质黑灰陶。盖尖圆钮，弧顶，弧壁。身圆唇，短颈，平底略内凹，假圈足外撇，罐身饰二层仰莲瓣纹，莲瓣间饰三角莲纹。通高24.4、口径10、腹径16.8、底径11.2厘米（图六九，5）。

标本HZM218：2，夹砂黑陶。盖尖圆钮，平顶，弧壁外斜。身圆唇，短颈，平底略内凹，足部外撇，罐身饰五瓣仰莲瓣纹。通高22.2、口径9.2、腹径15.6、底径10厘米（图六九，9）。

Ac型　2件。体型较大，整体瘦高。

标本HZM90：2，夹砂黑灰陶。盖二层莲花形钮，平顶，斜壁，盖顶及盖面分别贴塑覆莲瓣纹四瓣和五瓣，内壁有朱书梵文。身圆唇，短颈，斜直深腹，平底略内凹，足部外撇，罐身饰二层仰莲瓣纹。通高31.8、口径8.8、腹径16.2、底径8.8厘米（图七〇；彩版三八）。

B型　16件。罐身饰彩绘图案，依形态差异分三亚型。

Ba型　2件。弧腹，广肩。体型宽。

标本HZM162：2，泥质灰陶。盖尖圆钮，平顶，弧壁，沿内折，内壁有朱书梵文。身圆唇，平底略内凹，假圈足外撇，罐身饰二层仰莲瓣纹，莲瓣内饰彩绘花卉图案，莲瓣间饰三角莲纹，器底有朱书梵文。通高26、口径10、腹径20.8、底径13.6厘米（图七一，1；彩版三九，1）。

Bb型　6件。鼓腹。体型矮。

标本HZM128：1：2，泥质灰陶。盖尖圆钮，平顶，直壁，局部缺失，内壁有朱书梵文。身圆唇，平底略内凹，假圈足外撇，肩部饰彩绘弦纹二周，腹部饰彩绘图案。通高22.2、口径10、腹径16.4、底径9.6厘米（图七一，2；彩版四〇，1）。

标本HZM155：2：2，泥质黑灰陶。盖尖圆钮，平顶略内凹，弧壁外斜，盖顶饰彩绘莲瓣纹四瓣。身方唇，平底略内凹，假圈足外撇，肩部饰彩绘覆莲纹一周、凹弦纹二周、朱书梵文一周，近足部饰仰莲纹一周。通高23.4、口径10.4、腹径15.6、底径10厘米（图七一，4；彩版四〇，2）。

标本HZM174：1：2，泥质灰陶。盖莲花形钮，平顶，弧壁外斜，盖面饰彩绘覆莲纹。身圆唇，平底略内凹，假圈足外撇，肩部饰凹弦纹二周，腹部饰二层彩绘仰莲瓣纹。通高25.2、口径10、腹径14.6、底径8厘米（图七一，6；彩版四〇，3）。

标本HZM174：3：2，泥质灰陶。盖尖圆钮，平顶略内凹，弧壁，沿内折，盖面饰彩绘法轮纹一周，内壁有朱书梵文一周。身方唇，平底略内凹，假圈足外撇，肩部饰凹弦纹二周，腹部饰凹弦纹

图七〇　Ac型侈口陶内罐（HZM90：2）

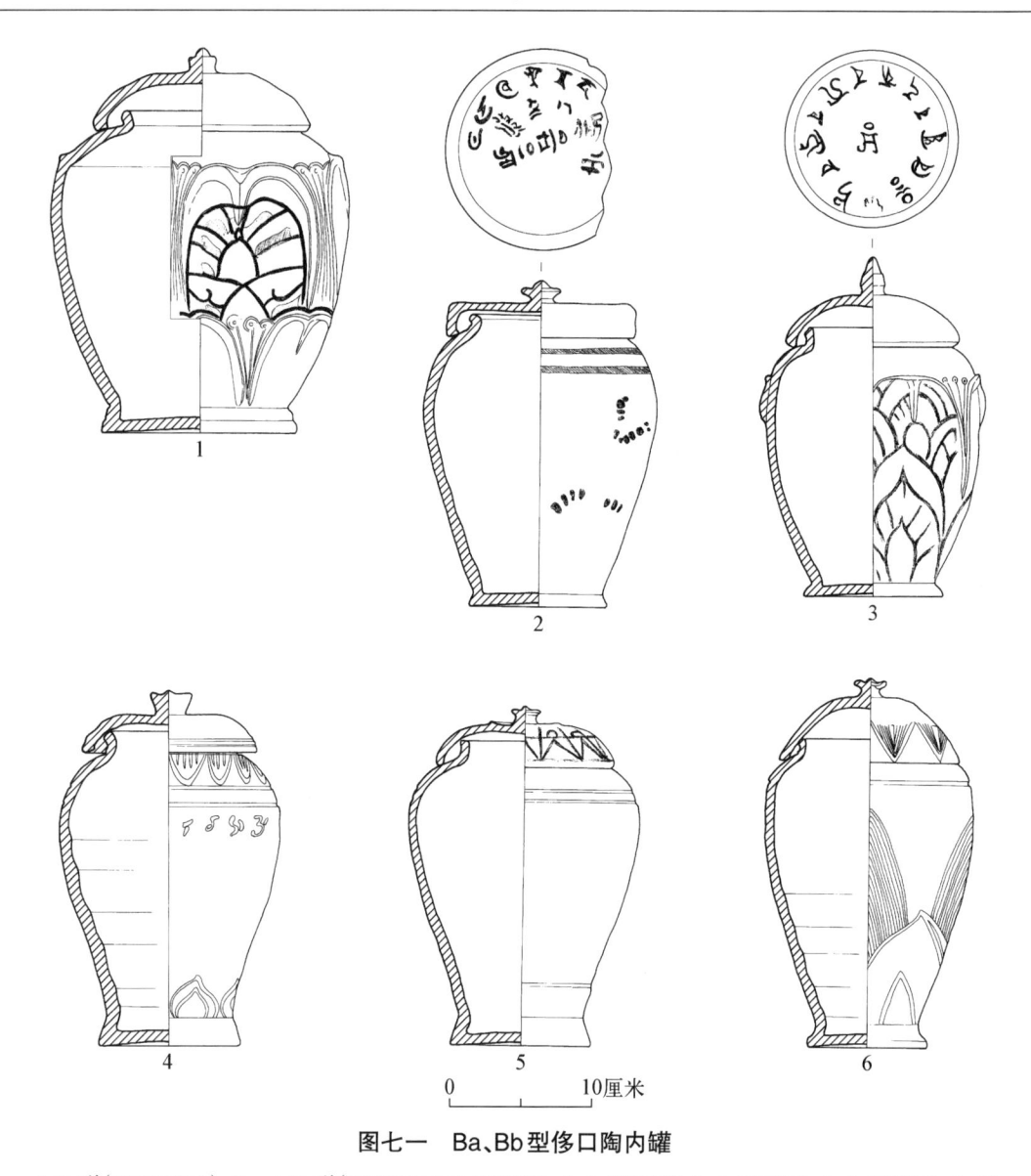

图七一　Ba、Bb型侈口陶内罐

1. Ba型（HZM162∶2）　2~6. Bb型（HZM128∶1∶2、HZM185∶1∶2、HZM155∶2∶2、HZM174∶3∶2、HZM174∶1∶2）

一周。通高22.8、口径8.8、腹径16、底径9.6厘米（图七一，5；彩版四〇，4）。

标本HZM185∶1∶2，泥质黑灰陶。盖尖圆钮，弧顶，弧壁，内壁有朱书梵文。身尖圆唇，平底略内凹，假圈足外撇，罐身饰仰莲瓣纹五瓣，瓣内饰彩绘仰莲纹二层，莲瓣间饰三角莲纹。通高23、口径8.8、腹径15.6、底径9.6厘米（图七一，3；彩版四〇，5）。

Bc型　8件。深弧腹。体型瘦高。

标本HZM54∶2∶2，泥质黄褐陶。盖平顶，弧壁外斜。身尖圆唇，溜肩，平底，罐身饰彩绘缠枝花卉图案、仰莲瓣纹各一周。通高24、口径8.8、腹径14.8、底径10.2厘米（图七二，6；彩版四一，1）。

标本HZM108∶2，泥质灰陶。盖尖圆钮，平顶略内凹，弧壁，沿内折，盖面彩绘三角图案。身尖圆唇，圆肩，平底略内凹，罐身有朱书梵文一周。通高23、口径10.4、腹径15.2、底径9.8厘米（图七二，1）。

标本HZM141:1:2，泥质灰白陶。盖尖圆钮，平顶，弧壁，沿内折，盖面内外壁有朱书梵文各一周。身圆唇，圆肩，平底，肩腹部饰彩绘仰莲瓣纹三层。通高25.4、口径10.4、腹径15.6、底径9.2厘米（图七二，4；彩版四一，3）。

标本HZM141:2:2，泥质灰陶。盖尖圆钮，平顶，弧壁，盖面饰彩绘法轮等图案，内壁有朱书梵文一周。身圆唇，弧肩，平底，肩部彩绘法轮，腹部彩绘三层仰莲瓣纹。通高25、口径10.8、腹径16、底径10厘米（图七二，2；彩版四一，4）。

标本HZM141:4:2，泥质灰陶，盖尖圆钮，平顶，弧壁，盖面饰彩绘法轮纹，内壁有朱书梵文一

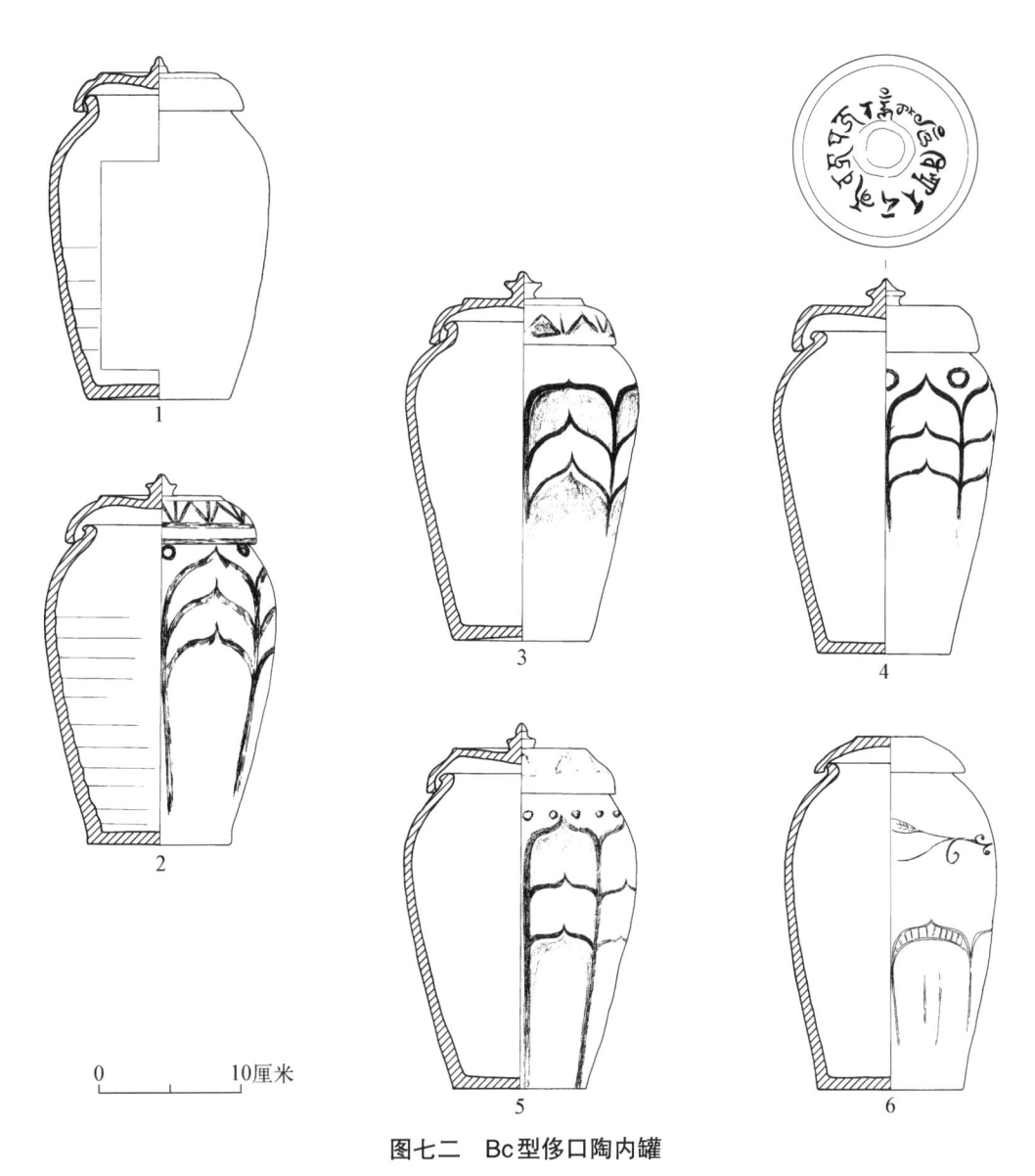

图七二　Bc型侈口陶内罐

1. HZM108:2　2. HZM141:2:2　3. HZM141:4:2　4. HZM141:1:2　5. HZM141:5:2　6. HZM54:2:2

周。身圆唇,圆肩,平底略内凹,肩腹部饰彩绘仰莲瓣纹三层。通高24.8、口径10.8、腹径16、底径9.2厘米(图七二,3;彩版四一,5)。

标本HZM141∶5∶2,泥质灰陶。盖尖圆钮,平顶略内凹,弧壁,沿内折,盖面饰彩绘三角图案,内壁有朱书梵文一周。身圆唇,圆肩,平底。罐身饰彩绘仰莲瓣纹三层。通高24.8、口径11.2、腹径16.2、底径9.2厘米(图七二,5;彩版四一,2)。

C型　32件。罐身多为素面。依形态差异分三亚型。

Ca型　14件。深鼓腹。体型瘦高。

标本HZM128∶2∶2,泥质灰陶。盖莲花形钮,拱顶,弧壁外斜,内壁有朱书梵文。身圆唇,平底略内凹,假圈足外撇,素面。通高24.6、口径9.6、腹径15.6、底径10.6厘米(图七三,2;彩版四二,1)。

标本HZM128∶3∶2,夹砂灰陶。盖莲花形钮残缺,平顶,弧壁,盖面饰凹弦纹二周。身圆唇,平底略内凹,假圈足外撇,素面。通高24、口径10、腹径16.4、底径10.4厘米(图七三,5;彩版四二,2)。

标本HZM128∶4∶2,夹砂灰陶。盖莲花形钮,平顶,弧壁外斜。身圆唇,平底,假圈足外撇,素面。通高24、口径10.4、腹径16.4、底径10.4厘米(图七三,3;彩版四二,3)。

标本HZM149∶2,夹砂灰陶。盖莲花形钮,平顶略内凹,斜壁,内壁有朱书梵文一周。身圆唇,平底略内凹,假圈足外撇,肩腹部饰凹弦纹二周。通高24.2、口径9.2、腹径16、底径10厘米(图七三,7;彩版四二,4)。

标本HZM179∶2∶2,泥质灰陶。盖尖圆钮,平顶略内凹,弧壁外斜。身圆唇,平底略内凹,假圈足外撇,肩部饰凹弦纹二周。通高22.2、口径9.6、腹径15.2、底径10.2厘米(图七三,4;彩版四二,5)。

标本HZM209∶4∶2,泥质黑灰陶。盖尖圆钮,平顶,弧壁,沿内折,内壁有朱书梵文。身尖圆唇,平底略内凹,假圈足外撇,素面。通高23.6、口径10、腹径16、底径10.8厘米(图七三,6)。

标本HZM215∶2∶2,泥质黑灰陶。盖莲花形钮,平顶,斜壁,内壁有朱书梵文一周。身圆唇,平底略内凹,假圈足外撇。肩腹部饰凹弦纹各一周、足部饰花边纹一周。通高23.4、口径10、腹径14、底径9.6厘米(图七三,1;彩版四二,6)。

Cb型　4件。弧腹,广肩。

标本HZM127∶2∶2,泥质灰陶。盖尖圆钮,平顶,弧壁,内折沿,内壁有朱书梵文。身尖圆唇,平底略内凹,假圈足外撇,素面。通高24.6、口径12.4、腹径18、底径10.8厘米(图七三,8;彩版三九,2)。

Cc型　14件。圆鼓腹。

标本HZM12∶2,夹砂灰陶。以青釉碟为盖,盖身敞口,弧壁外斜,圈足,平底,内外均施青黄釉。身圆唇,平底略内凹,素面。通高25.2、口径10.4、腹径15.2、底径10.4厘米(图七四,1;彩版四三,1)。

标本HZM58∶2,泥质灰陶。盖尖圆钮,平顶略内凹,弧壁,沿内折。身尖圆唇,平底略内凹,素面。通高25.4、口径10.2、腹径15.4、底径9.2厘米(图七四,3;彩版四三,2)。

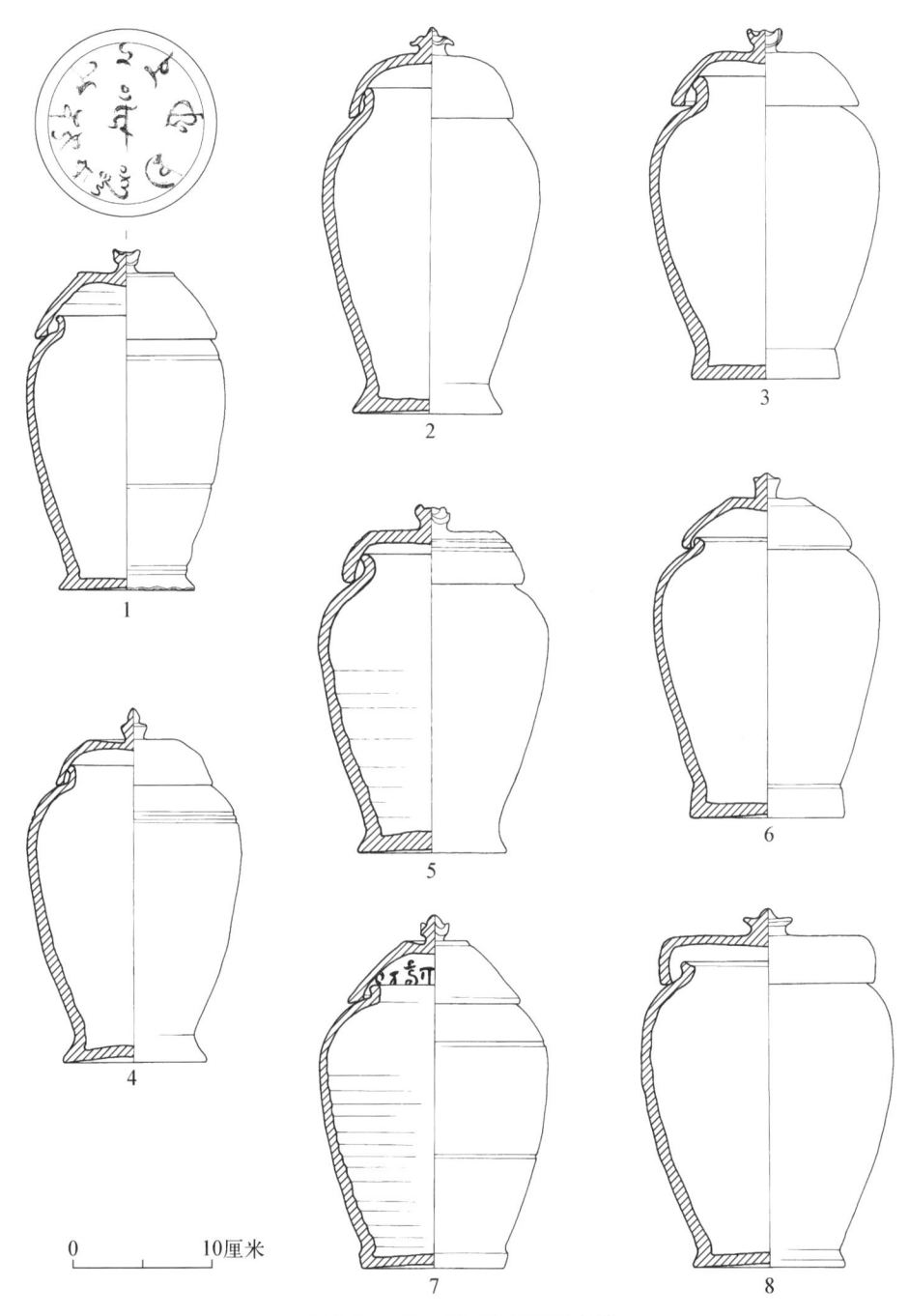

图七三　Ca、Cb型侈口陶内罐

1～7. Ca型（HZM215∶2∶2、HZM128∶2∶2、HZM128∶4∶2、HZM179∶2∶2、HZM128∶3∶2、HZM209∶4∶2、HZM149∶2）
8. Cb型（HZM127∶2∶2）

标本HZM75∶2，泥质黑灰陶。盖尖圆钮，平顶，弧壁，顶部饰凸弦纹一周。身圆唇，平底略内凹，素面。通高24.4、口径10、腹径17.2、底径9.6厘米（图七四，2；彩版四三，3）。

标本HZM173∶2，泥质灰陶。盖圆台钮，平顶，弧壁，沿内折。身尖圆唇，平底，素面。通高23.6、口径9.4、腹径16、底径9.6厘米（图七四，4；彩版四三，4）。

图七四　Cc型侈口陶内罐

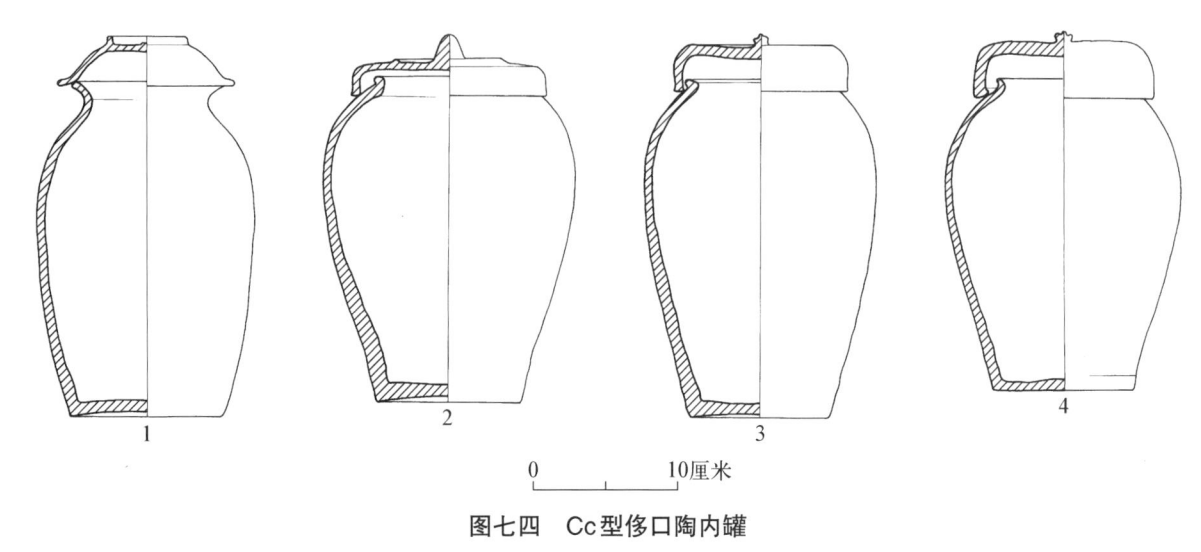

1. HZM12:2 2. HZM75:2 3. HZM58:2 4. HZM173:2

2. 直口罐

共63件。依装饰风格差异分二型。

A型　48件。依形态差异分五亚型。

Aa型　19件。弧腹。体型矮胖。

标本HZM9:4，夹砂黑灰陶。盖尖圆形钮，平顶，弧壁，沿内折。身圆唇，平底略内凹，假圈足外撇，肩腹部饰仰莲瓣纹四瓣，莲瓣间饰三角莲纹。通高23.6、口径9.6、腹径16.4、底径10.8厘米（图七五，2；彩版四四，1）。

标本HZM51:2，泥质灰陶。盖尖圆形钮，平顶，弧壁外侈。身方唇，平底略内凹，假圈足外撇，罐身饰仰莲瓣纹八瓣，莲瓣间饰三角莲纹。通高24.8、口径9.6、腹径16.8、底径10.4厘米（图七五，3；彩版四四，2）。

标本HZM146:2，泥质黑灰陶。盖三层塔形钮，平顶，弧壁，盖顶彩绘覆莲瓣纹，内壁有朱书梵文一周。身圆唇，平底略内凹，假圈足外撇，罐身饰仰莲瓣纹二层，莲瓣间饰三角莲纹。通高23.8、口径10、腹径16.8、底径11.2厘米（图七五，1）。

标本HZM148:2，泥质灰陶。盖莲花形钮，平顶，弧壁外斜，内壁有朱书梵文一周。身圆唇，平底略内凹，假圈足外撇，腹部依次饰仰莲瓣纹五瓣，莲瓣间饰三角莲纹，莲瓣下有凹弦纹一周。通高24.2、口径10、腹径16、底径10.4厘米（图七五，6；彩版四四，3）。

标本HZM165:1:2，泥质黑灰陶。盖塔形钮，平顶，弧壁。身圆唇，平底略内凹，假圈足外撇，腹部饰仰莲瓣纹五瓣，莲瓣间饰三角莲纹，莲瓣下有凹弦纹一周。通高22.2、口径9.6、腹径15.6、底径10.4厘米（图七五，7；彩版四四，4）。

标本HZM205:2，夹砂灰陶。盖尖圆钮，平顶，弧壁，沿内折，内壁有朱书梵文。身尖唇，平底略内凹，腹部堆塑五个仰莲瓣纹，莲瓣间刻划三角莲纹，下腹刻划凹弦纹一周。通高22.2、口径10、腹径16.8、底径10.2厘米（图七五，4）。

第二章 墓葬分布、形制及详例 ·57·

图七五 Aa型直口陶内罐

1. HZM146∶2 2. HZM9∶4 3. HZM51∶2 4. HZM205∶2 5. HZM206∶2 6. HZM148∶2 7. HZM165∶1∶2
8. HZM207∶1∶2 9. HZM217∶2∶2

标本HZM206∶2，泥质黑灰陶。盖平顶略内凹，弧壁，素面。身方唇，平底略内凹，假圈足外撇，腹部饰仰莲瓣纹五瓣。通高21.4、口径8.8、腹径15.2、底径9厘米（图七五，5；彩版四四，5）。

标本HZM207∶1∶2，夹砂灰陶。盖圆台钮，平顶，斜壁。身方唇，平底略内凹，假圈足外撇，腹部饰仰莲瓣纹四瓣。通高22.4、口径8.4、腹径16、底径10厘米（图七五，8）。

标本HZM217∶2∶2，夹砂灰陶。盖宝塔形钮，平顶略内凹，弧壁，内壁有朱砂梵文。身圆唇，平底略内凹，假圈足外撇，肩腹部堆塑仰莲瓣纹一周，莲瓣间刻划三角莲纹，下腹部刻划卷草纹。通高24、口径10.8、腹径17.6、底径9.6厘米（图七五，9；彩版四四，6）。

Ab型　15件。鼓腹。体型较高。

标本HZM176∶1∶2，夹砂黑灰陶。盖莲花形钮，弧顶，弧壁外斜。身圆唇，平底略内凹，假圈足外撇，腹部饰仰莲瓣纹五瓣、凹弦纹二周。通高27.4、口径11.2、腹径18.8、底径12厘米（图七六，1）。

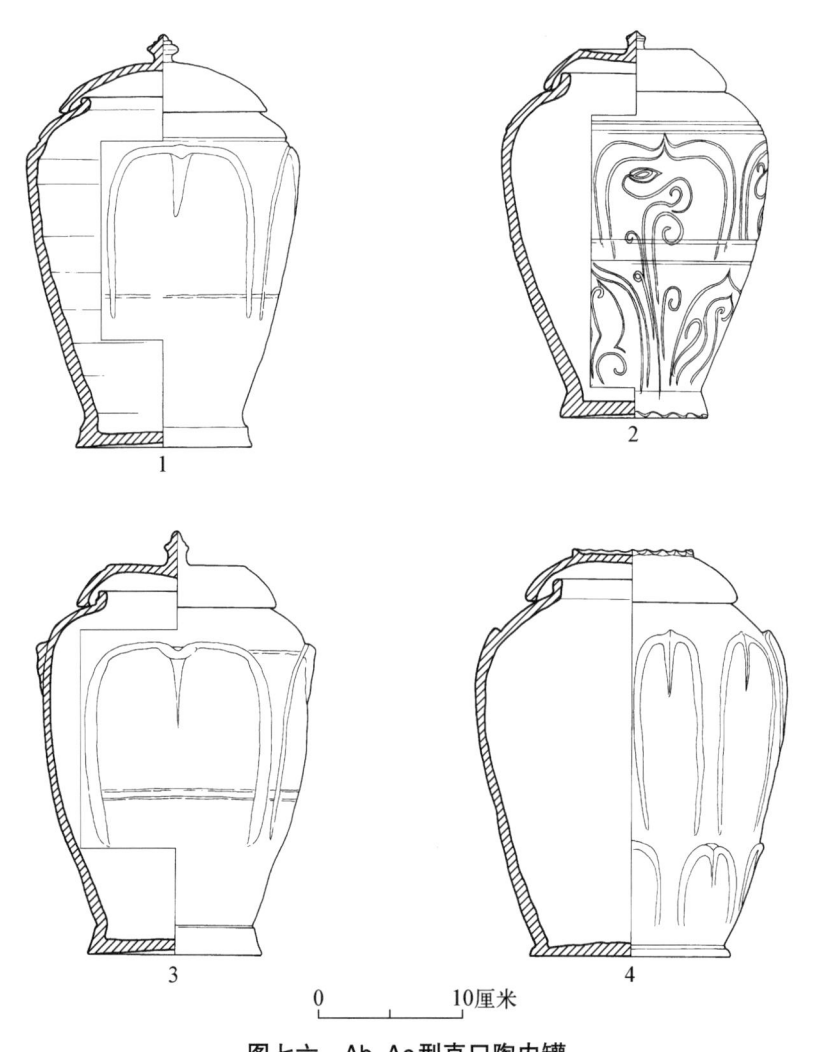

图七六　Ab、Ac型直口陶内罐
1～3.Ab型（HZM176∶1∶2、HZM187∶2、HZM214∶7∶2）　4.Ac型（HZM129∶1）

标本HZM187∶2，泥质黑灰陶。盖尖圆钮，平顶略内凹，弧壁外斜。身圆唇，平底略内凹，假圈足外撇，罐身依次饰凹弦纹四周、刻划仰莲瓣纹二层，内套卷草纹，足部饰水波纹一周。通高25.6、口径10、腹径18、底径10厘米（图七六，2；彩版四五，1）。

标本HZM214∶7∶2，夹砂黑灰陶。盖尖圆钮，平顶略内凹，斜壁，沿内折。身圆唇，平底略内凹，假圈足外撇，腹部饰仰莲瓣纹五瓣、凹弦纹三周。通高28、口径10.8、腹径19.2、底径12厘米（图七六，3；彩版四五，2）。

Ac型　4件。弧腹，丰肩。

标本HZM129∶1，夹砂灰陶。盖钮缺失，平顶，弧壁，顶缘贴塑花边纹一周；身圆唇，平底，足部外撇，罐身饰仰莲瓣纹二层。通高27、口径10.8、腹径21.2、底径13.6厘米（图七六，4；彩版四五，3）。

Ad型　9件。鼓腹下收。体型瘦高。

标本HZM167∶2∶2，泥质黑灰陶。盖尖圆钮，平顶，弧壁外斜。身尖圆唇，平底略内凹，假圈足外撇，腹部饰仰莲瓣纹一周，内套彩绘图案，刻划凹弦纹二周。通高30、口径8.4、腹径17.6、底径10.4厘米（图七七，2）。

标本HZM192∶1∶2，夹砂黑灰陶。盖塔形钮，平顶略内凹，斜壁，盖面饰刻划凹弦纹二周。身方唇，平底略内凹，假圈足外撇，罐身依次饰凹弦纹二周、贴塑莲瓣纹二层，每层莲瓣内刻划卷云纹，莲瓣间饰三角莲纹，足部刻划卷云纹一周。通高32.2、口径11.6、腹径21.4、底径11厘米（图七七，1；彩版四五，4）。

标本HZM194∶2∶2，泥质灰陶。盖尖圆钮，平顶，弧壁外斜，盖顶贴塑莲瓣纹五瓣。身尖圆唇，平底略内凹，假圈足外撇，腹部饰仰莲瓣纹七瓣，瓣内对称刻划"S"纹，莲瓣间饰三角莲纹。通高28.2、口径10、腹径18.6、底径10.6厘米（图七七，3；彩版四五，5）。

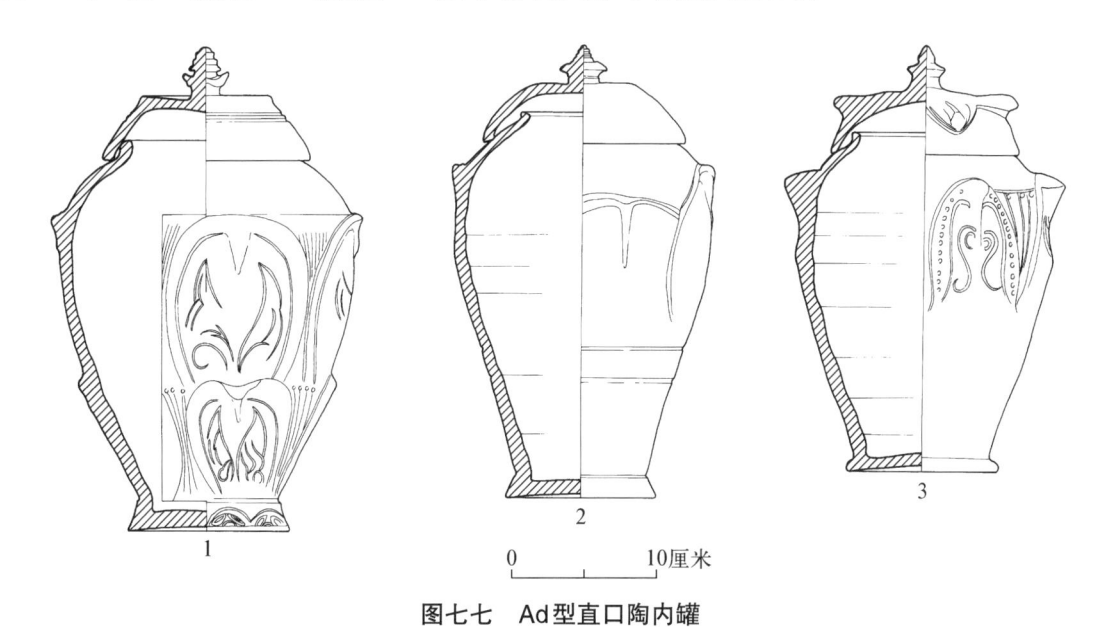

图七七　Ad型直口陶内罐
1. HZM192∶1∶2　2. HZM167∶2∶2　3. HZM194∶2∶2

Ae型 1件。圆鼓腹。罐身饰莲瓣纹及十二生肖图案。

标本HZM175：2，夹砂黑灰陶。盖尖圆钮，拱顶，弧壁外斜，盖顶及盖面饰三角莲瓣、覆莲纹、花卉图案。身圆唇，圈足外撇，罐身依次饰刻划"S"形纹、仰莲瓣纹二层，第一层仰莲瓣纹内隔瓣饰浮雕人像，第二层仰莲瓣纹内饰十二生肖图案。通高34.4、口径10、腹径20、底径12.8厘米（图七八；彩版四六）。

B型 15件。多为素面，依形态差异分二亚型。

Ba 11件。鼓腹。

标本HZM61：6：2，夹砂黑灰陶。盖尖圆钮，平顶，弧壁，沿内折。身尖唇，平底略内凹，假圈足外撇，素面。通高17、口径10、腹径14、底径10.4厘米（图七九，4；彩版四七，1）。

标本HZM134：2，泥质黑灰陶。盖尖圆钮，平顶，弧壁，沿内折，内壁有朱书梵文一周。身圆唇，平底略内凹，假圈足外撇，素面。通高24、口径10.4、腹径16.4、底径12.2厘米（图七九，1；彩版四七，2）。

标本HZM166：1：2，泥质灰陶。盖莲花形钮，弧顶，弧壁外侈。身圆唇，平底略内凹，假圈足外撇，素面。通高24.2、口径10、腹径15.2、底径10.4厘米（图七九，3）。

标本HZM199：2：2，夹砂黑灰陶。盖尖圆钮，弧顶，弧壁，沿内折。身尖唇，平底略内凹，假圈足外撇，素面。通高25.6、口径9.6、腹径15.6、底径10.4厘米（图七九，2；彩版四七，3）。

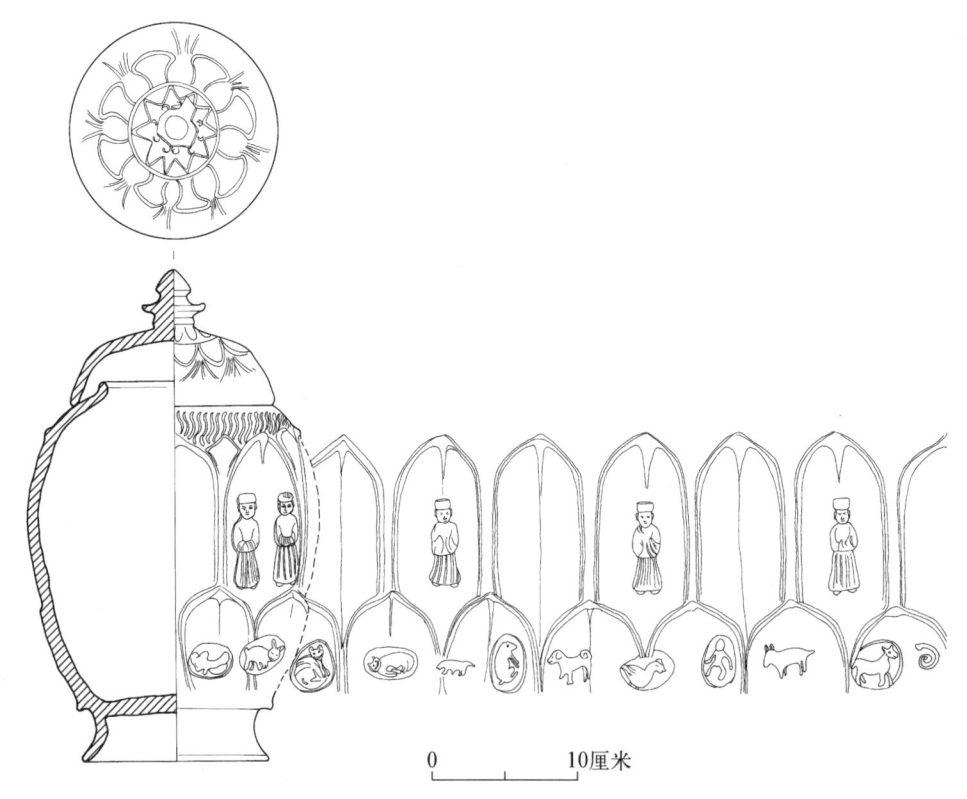

图七八 Ae型直口陶内罐（HZM175：2）

Bb 4件。深弧腹。

标本HZM61：5：2，泥质灰陶。盖尖圆钮，平顶，弧壁，沿内折。身尖圆唇，平底略内凹，素面。通高23.6、口径8、腹径15、底径10.4厘米（图七九，6；彩版四七，4）。

标本HZM150：1：2，泥质黑灰陶。盖尖圆钮，平顶内凹，弧壁外斜。身圆唇，平底，素面。通高24、口径9.6、腹径16、底径10厘米（图七九，5；彩版四七，5）。

3. 敛口罐

共60件。依装饰风格差异分二型。

A型 28件。罐身饰有纹饰，依形态差异分四亚型。

Aa型 15件。鼓腹。体型矮小。

标本HZM20：2，泥质黑灰陶。盖尖圆钮，平顶，斜壁，内壁有朱书梵文一周。身尖唇，平底略内凹，假圈足外撇，肩腹部依次饰凹弦纹二周、贴塑仰莲瓣纹一周，莲瓣间饰三角莲纹。通高

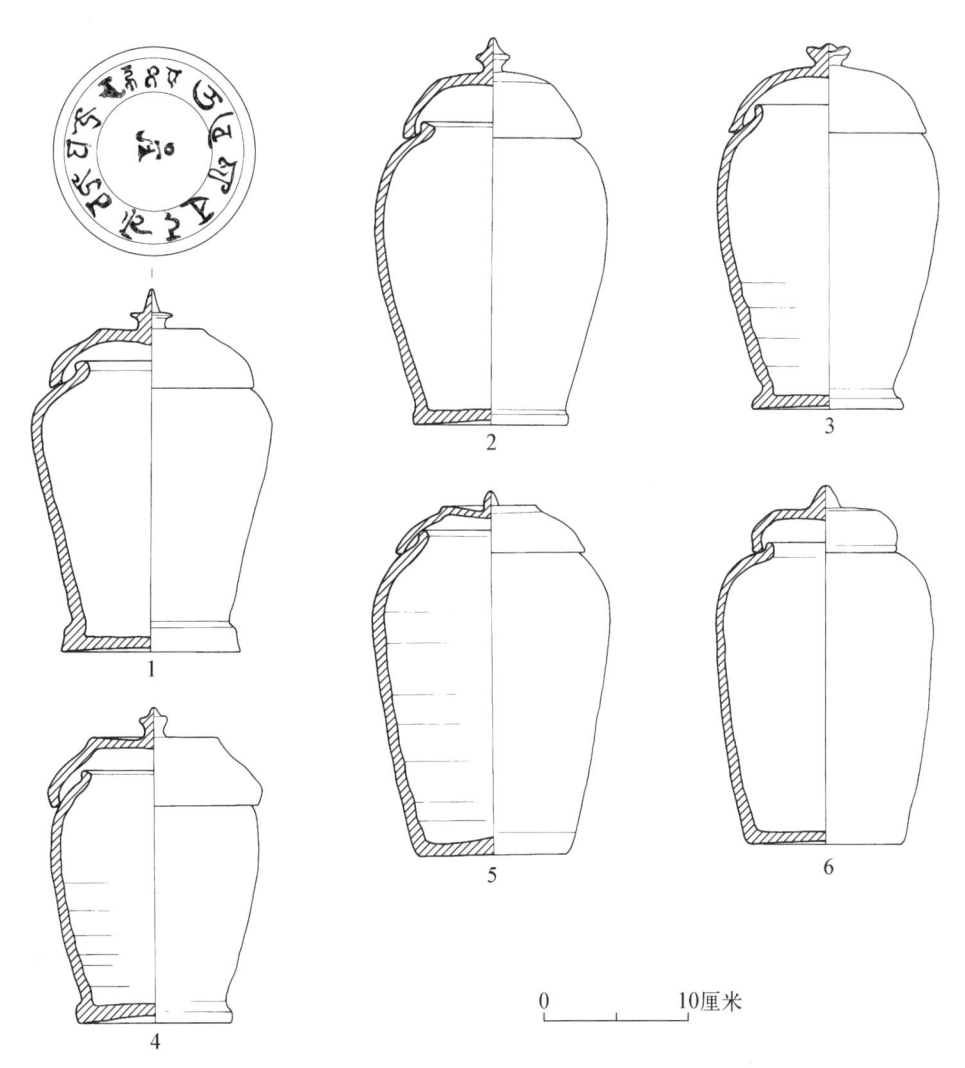

图七九 Ba、Bb型直口陶内罐

1～4. Ba型（HZM134：2、HZM199：2：2、HZM166：1：2、HZM61：6：2） 5、6. Bb型（HZM150：1：2、HZM61：5：2）

25.4、口径10、腹径18、底径10.8厘米（图八〇，4；彩版四八，1）。

标本HZM178：1：2，夹砂黑灰陶。盖尖圆钮，平顶，斜壁。身圆唇，平底略内凹，腹部依次饰凹弦纹二周、贴塑仰莲瓣纹三瓣，莲瓣间饰三角莲纹。通高24、口径9.2、腹径16.8、底径8.4厘米（图八〇，1；彩版四八，2）。

标本HZM185：2：2，夹砂灰陶。盖尖圆钮，弧顶，弧壁外斜。身圆唇，平底略内凹，假圈足外撇，肩腹部贴塑仰莲瓣纹五瓣，莲瓣下饰双线刻划水波纹二周。通高21.4、口径8、腹径16、底径9.6厘米（图八〇，6；彩版四八，3）。

标本HZM193：2：2，夹砂灰陶。盖尖圆钮，平顶，斜壁。身尖圆唇，鼓肩，下腹内收，平底略内凹，假圈足外撇，肩腹部堆塑四个仰莲瓣纹。通高21.4、口径9.6、腹径16、底径10厘米（图八〇，5；彩版四八，4）。

标本HZM195：2，夹砂灰白陶。盖尖圆钮，平顶，斜壁。身圆唇，平底略内凹，假圈足外撇，腹部饰仰莲瓣纹五瓣，莲瓣间饰三角莲纹。通高23.6、口径9.6、腹径16、底径8.8厘米（图八〇，2；彩版四八，5）。

标本HZM214：4：2，夹砂黑灰陶。盖尖圆钮，平顶内凹，弧壁，沿内折。身圆唇，平底略内凹，

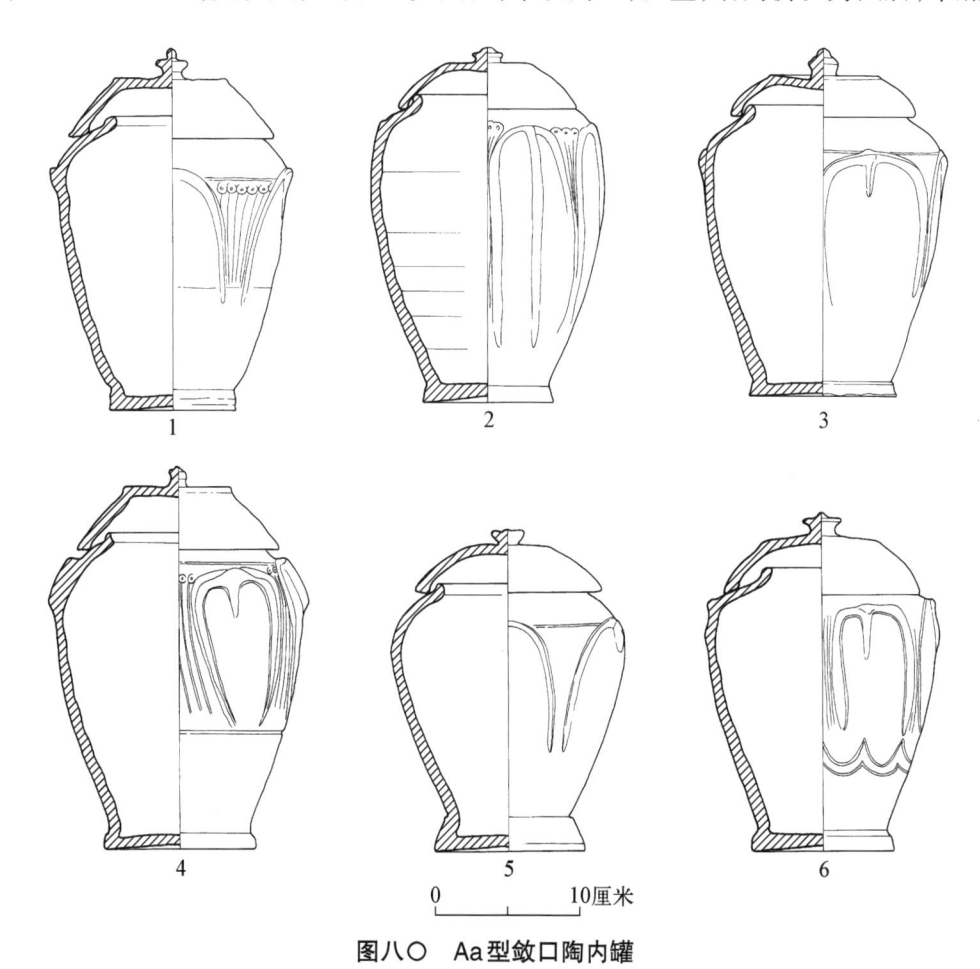

图八〇 Aa型敛口陶内罐

1. HZM178：1：2　2. HZM195：2　3. HZM214：4：2　4. HZM20：2　5. HZM193：2：2　6. HZM185：2：2

假圈足外撇，肩腹部饰凹弦纹一周，贴塑仰莲瓣纹五瓣。通高23、口径10、腹径16.8、底径10厘米（图八〇，3；彩版四八，6）。

Ab型　4件。圆鼓腹。体型较胖。

标本HZM101∶2，夹砂灰白陶。盖尖圆钮，平顶，弧壁外斜，盖顶缘饰花边纹一周。身圆唇，平底略内凹，足部外撇，腹部饰二层仰莲瓣纹。通高27.4、口径11.2、腹径19.2、底径13.6厘米（图八一，4；彩版四九，1）。

标本HZM129∶2，夹砂灰陶。盖尖圆钮，弧顶，弧壁外斜，顶缘饰花边纹一周。身圆唇，平底略内凹，假圈足外撇。肩部饰花边纹一周，腹部饰贴塑二层仰莲瓣纹。通高27.8、口径10.8、腹径19.8、底径14.4厘米（图八一，5；彩版四九，2）。

标本HZM208∶2，泥质灰陶。盖尖圆形钮，平顶，弧壁，沿内折，盖顶缘饰花边纹一周，内壁有

图八一　Ab、Ac、Ad型敛口陶内罐

1、6. Ac型（HZM174∶2∶2、HZM105∶2）　2. Ad型（HZM120∶2）　3～5. Ab型（HZM208∶2、HZM101∶2、HZM129∶2）

朱书梵文一周。身方唇,平底略内凹,腹部饰贴塑二层仰莲瓣纹,莲瓣间饰三角莲纹,器底有朱书梵文。通高28.2、口径11.2、腹径19.6、底径13.6厘米(图八一,3;彩版四九,3)。

Ac型　5件。斜弧腹。体型瘦高。

标本HZM105∶2,泥质灰陶。盖莲花形钮,平顶内凹,弧壁外斜,盖顶刻划凹弦纹一周。身尖唇,平底略内凹,假圈足外撇,罐身依次饰凹弦纹四周、贴塑二层仰莲瓣纹,莲瓣间饰三角莲纹。通高27.6、口径8.8、腹径16.8、底径10.6厘米(图八一,6;彩版四九,4)。

标本HZM174∶2∶2,泥质黑灰陶。盖二层莲花形钮,平顶,斜壁,沿内折,盖顶堆塑覆莲瓣纹四瓣,盖面贴塑覆莲瓣纹五瓣,内壁有朱书梵文一周。身尖圆唇,平底内凹,假圈足外撇,罐身依次饰刻划凹弦纹五周、贴塑二层仰莲瓣纹,器底有朱书梵文一周。通高35.8、口径8.8、腹径18.4、底径10.8厘米(图八一,1;彩版四九,5)。

Ad型　4件。弧腹。体型小。

标本HZM120∶2,泥质灰陶。盖塔形钮,平顶,弧壁。身尖唇,平底略内凹,肩腹部饰仰莲瓣纹五瓣,莲瓣间饰三角莲纹。通高23.8、口径8、腹径15.2、底径9.4厘米(图八一,2;彩版四九,6)。

B型　32件。多为素面。依形态差异分二亚型。

Ba型　8件。深鼓腹下收。

标本HZM210∶2,夹砂灰陶。盖尖圆钮,平顶略内凹,弧壁,沿内折,盖面有朱书梵文一周。身圆唇,平底略内凹,假圈足外撇,肩腹部饰凹弦纹三周。通高25.2、口径8.4、腹径14.8、底径8.4厘米(图八二,2;彩版五〇,1)。

标本HZM215∶3∶2,泥质黑灰陶。盖尖圆钮,弧顶,弧壁外斜。身方唇,平底略内凹,假圈足外撇,素面。通高23.8、口径10、腹径16.8、底径9.2厘米(图八二,1;彩版五〇,2)。

标本HZM215∶4∶2,泥质黑灰陶。盖尖圆钮,平顶略上弧,弧壁外斜,内壁有朱书梵文一周。身尖圆唇,平底略内凹,假圈足外撇,肩部饰凹弦纹一周。通高25.2、口径9.2、腹径16.4、底径10.8厘米(图八二,3;彩版五〇,3)。

标本HZM215∶5∶2,泥质黑灰陶。盖钮缺失,平顶,弧壁。身尖唇,平底略内凹,假圈足外撇,肩腹部饰凹弦纹二周。通高23.4、口径9.6、腹径14.4、底径8.8厘米(图八二,4;彩版五〇,4)。

Bb型　24件。弧腹。

标本HZM46∶2,泥质灰褐陶。盖尖圆钮,平顶略上弧,弧壁。身尖唇,平底略内凹,素面。通高23.4、口径8、腹径16、底径10.4厘米(图八二,7)。

标本HZM54∶1∶2,泥质灰陶。盖尖圆钮,平顶略内凹,斜壁。身尖圆唇,平底略内凹,素面。通高25.6、口径9.2、腹径14.8、底径8.8厘米(图八二,5;彩版五〇,5)。

标本HZM98∶2,泥质灰陶。盖钮残缺,平顶略内凹,弧壁。身尖圆唇,平底,素面。通高19.8、口径10.4、腹径14.4、底径厘米(图八二,6)。

标本HZM163∶2,夹砂黑灰陶。盖尖圆钮,平顶略内凹,弧壁外斜,内壁有朱书梵文一周。身尖唇,平底略内凹,素面。通高26.4、口径11.2、腹径18.8、底径10.8厘米(图八二,8;彩版五〇,6)。

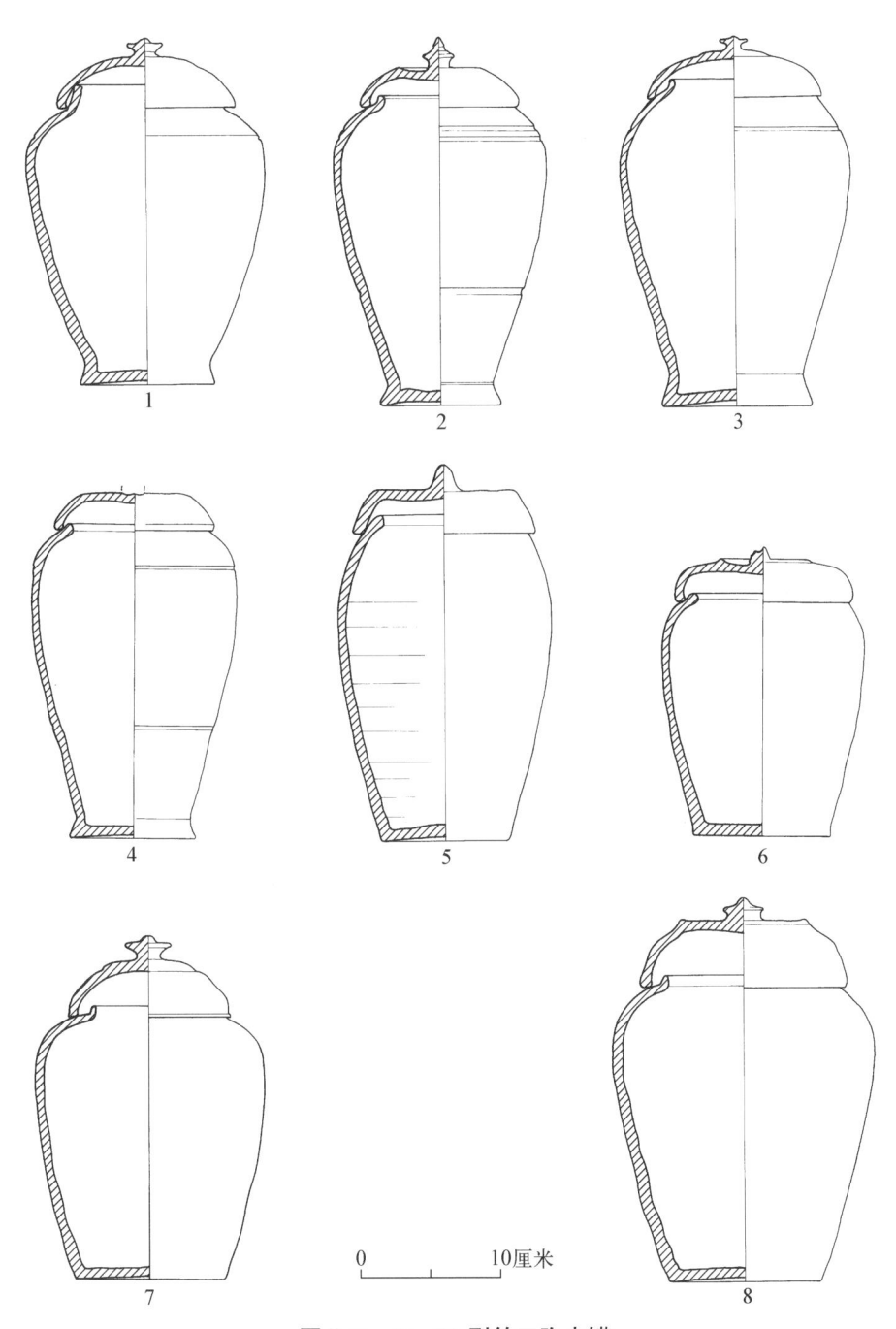

图八二 Ba、Bb型敛口陶内罐

1～4. Ba型（HZM215：3：2、HZM210：2、HZM215：4：2、HZM215：5：2）
5～8. Bb型（HZM54：1：2、HZM98：2、HZM46：2、HZM163：2）

二、瓷质葬具

共42件（包括采集器物）。瓷质葬具有青花瓷罐和青釉瓷器两类，数量较少，非主流葬具。

（一）青花瓷罐

共13件。盖罐。分四型。

A型　8件。器身矮胖。依口沿差异分三亚型。

Aa型　5件。侈口。

标本HZM56:1，以青釉钵为盖，盖身卷沿，斜腹，平底，内外施青釉，器壁较厚。罐身卷沿，短颈，丰肩，鼓腹下收，平底略内凹。纹饰繁密，肩部饰凤穿牡丹纹，腹部饰缠枝牡丹纹，胫部饰仰莲瓣纹。青花呈色蓝黑。通高33、口径18.8、腹径32、底径17.8厘米（图八三，3；彩版五一，1）。

标本HZM66:1，盖为瓜蒂形钮，荷叶形，弧壁外斜，盖身饰水波纹、缠枝纹及蕉叶纹。罐身卷沿，短颈，丰肩，鼓腹下收，平底略内凹。纹饰繁密，肩部饰狮子滚绣球图案，腹部饰缠枝牡丹纹，胫部饰仰莲瓣纹。青花呈色蓝黑。通高32、口径16、腹径27.2、底径14.6厘米（图八三，4；彩版五一，2）。

标本HZM68:1，盖为瓜蒂钮，花口形，弧壁外斜，盖身饰草叶纹。罐身平折沿，短颈，丰肩，鼓腹下收，平底略内凹。纹饰繁密，颈部饰回弦纹，肩部饰蕉叶纹，上腹部饰祥云纹，内对称饰六个八仙人物，下腹部饰缠枝牡丹，胫部饰仰莲纹。青花呈色蓝黑。通高35、口径17.2、腹径36、底径18.2厘米（图八四，1；彩版五三，1）。

标本HZM115:1，盖缺失。罐身卷沿，短颈，丰肩，鼓腹下收，平底略内凹。纹饰繁密，肩部饰花卉，腹部饰缠枝牡丹纹，胫部饰仰莲瓣纹。青花呈色蓝黑。身高24.4、口径18.4、腹径28.8、底径16厘米（图八三，2；彩版五二，1）。

标本采:7，盖缺失。罐身卷沿，短颈，丰肩，鼓腹下收，平底略内凹。纹饰繁密，肩部饰人物图案，腹部饰缠枝牡丹，胫部饰仰莲瓣纹。青花呈色蓝黑。身高28.8、口径16.8、腹径30.8、底径17.2厘米（图八四，2；彩版五二，2）。

Ab型　2件。敛口。

标本HZM18:1，以青釉钵为盖。罐身卷沿，短颈，丰肩，鼓腹下收，平底略内凹。纹饰繁密，肩部饰凤穿牡丹纹，腹部饰缠枝牡丹纹，胫部饰仰莲瓣纹。青花呈色蓝黑。通高24.4、口径17.2、腹径28.4、底径18厘米（图八三，6；彩版五四，1）。

标本采:6，盖缺失。罐身卷沿，短颈，丰肩，鼓腹下收，平底略内凹。纹饰繁密，肩部饰凤穿牡丹纹，腹部饰缠枝牡丹纹，胫部饰仰莲瓣纹。青花呈色蓝黑。身高25.8、口径17.6、腹径28.8、底径15.8厘米（图八三，5；彩版五四，2）。

Ac型　1件。直口。

标本HZM62:1，盖缺失。方唇，短颈，广肩，鼓腹下收，平底略内凹。纹饰繁密，肩部饰缠枝莲花纹，腹部饰缠枝牡丹纹，胫部饰仰莲瓣纹。青花呈色蓝黑。身高25.8、口径21.2、腹径34.4、底

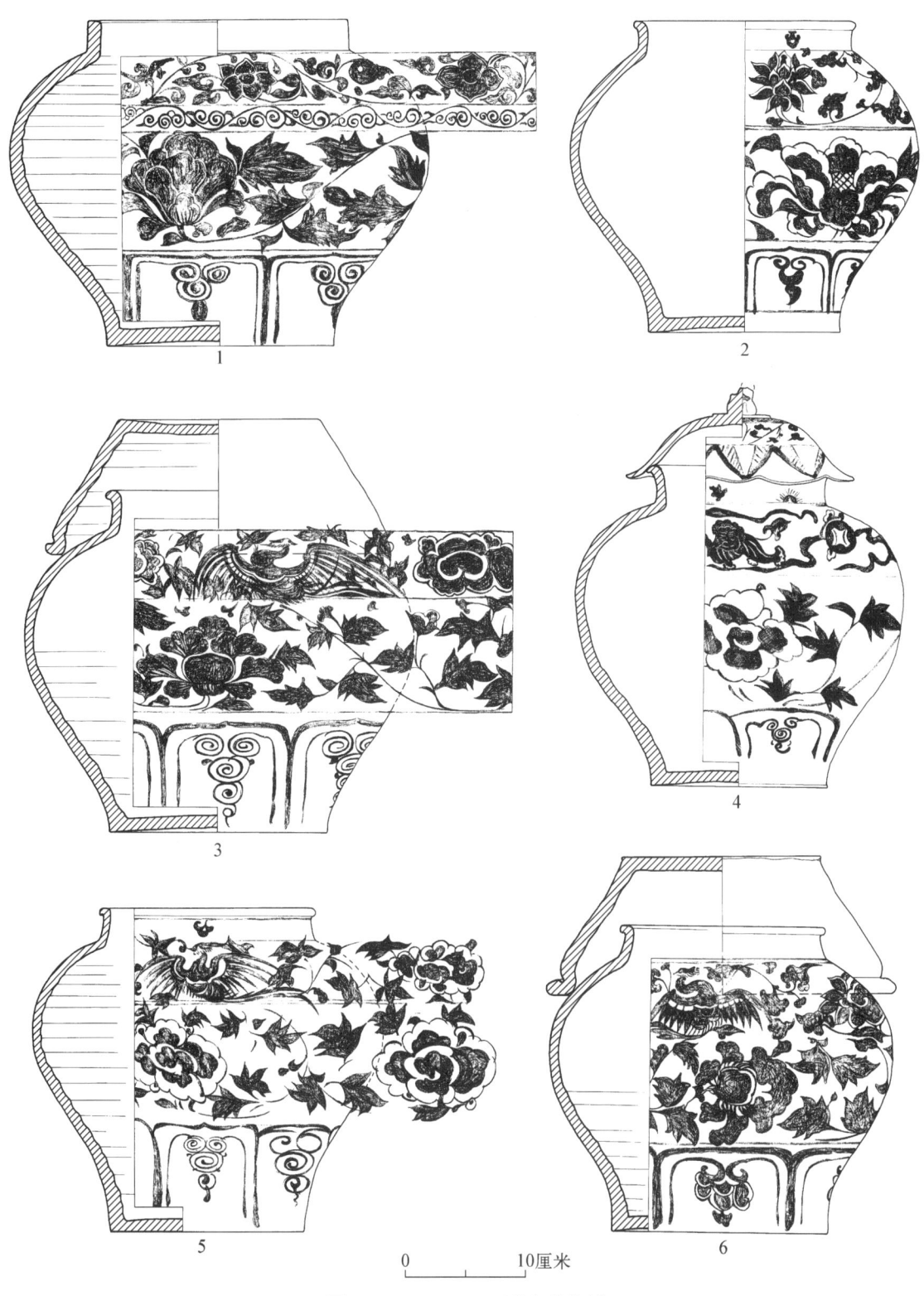

图八三　Aa、Ab、Ac型青花瓷罐

1. Ac型（HZM62∶1）　2～4. Aa型（HZM115∶1、HZM56∶1、HZM66∶1）　5、6. Ab型（采∶6、HZM18∶1）

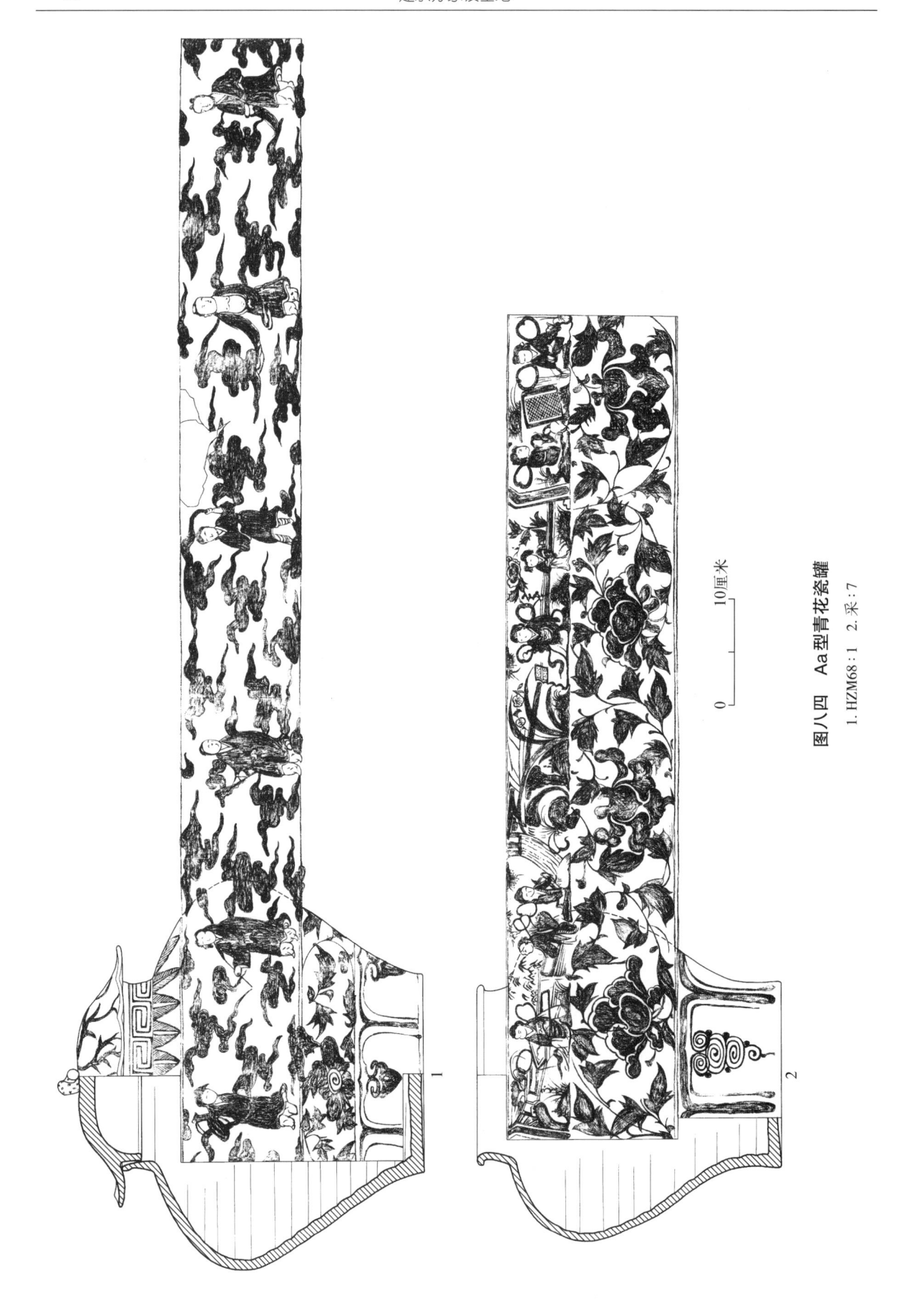

图八四 Aa型青花瓷罐

1. HZM68：1　2. 采：7

径18.6厘米（图八三,1;彩版五三,2）。

B型　2件。器身略高

标本HZM78:1,盖缺失。侈口,平折沿,短颈,溜肩,鼓腹下收,平底略内凹。纹饰繁密,颈部饰朵花装饰,肩部饰凤穿缠枝花卉纹,腹部饰水草纹和缠枝牡丹纹,胫部饰仰莲瓣纹。青花呈色蓝黑。身高31、口径19.2、腹径32、底径15.8厘米（图八五;彩版五五,1）。

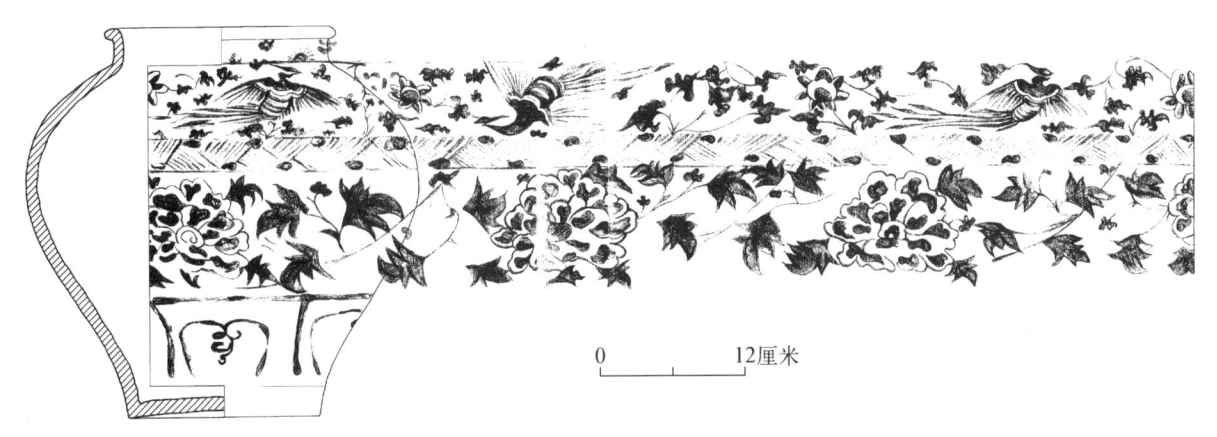

图八五　B型青花瓷罐（HZM78:1）

标本采:8,盖缺失。侈口,平折沿,短颈,溜肩,鼓腹下收,平底略内凹。体型较高。纹饰繁密,肩部饰狮子滚绣球图案,腹部饰缠枝牡丹纹,胫部饰仰莲瓣纹。青花呈色蓝黑。身高39.8、口径18、腹径36.4、底径17.4厘米（图八六,1;彩版五五,2）。

C型　2件。器身修长。

标本HZM92:1,肩部以上缺失。斜弧腹,平底内凹。腹部饰缠枝菊花纹。青花呈色蓝黑。残高21.2、腹径26、底径16.6厘米（图八六,3）。

标本HZM226:1,盖缺失。直口较小,直沿,短颈,溜肩,斜弧深腹,平底内凹,底部有一穿孔。肩部饰鱼藻纹,上腹部饰缠枝菊花纹,下腹部饰仰莲瓣纹。青花呈色黑灰。身高35.8、口径10.4、腹径27.6、底径13.6厘米（图八六,4;彩版五六,1）。

D型　1件。

标本采:10,盖缺失。侈口,卷沿,短颈,鼓肩,鼓腹下收,平底内凹。纹饰繁密,肩部饰狮子滚绣球图案和卷草纹,腹部饰缠枝牡丹和仰莲瓣纹。青花呈色蓝黑。身高31.2、口径14.8、腹径29.2、底径15.6厘米（图八六,2;彩版五六,2）。

（二）青釉瓷器

共29件（包括采集器物）。器类有罐、钵、瓮。

1.罐

共20件。分三型。

A型　11件。外罐。盖罐。依形态差异分二亚型。

图八六　B、C、D型青花瓷罐

1. B型（采∶8）　2. D型（采∶10）　3、4. C型（HZM92∶1、HZM226∶1）

Aa型　3件。斜直腹，腹部窄。

标本HZM15∶1，盖缺失。身敛口，方唇，平底略内凹，假圈足略外撇，肩腹部饰花边纹二周。罐身施青釉，釉色泛黄。身高27.8、口径18.8、腹径24、底径11.6厘米（图八七，1；彩版五七，2）。

Ab型　8件。斜直腹，腹部宽。

标本HZM21∶1，盖塔形钮，平顶，斜壁，方唇，盖面饰凹弦纹二周，花边纹一周。身敛口，圆唇，平底略内凹，腹部饰花边纹一周。身除口沿外施青釉，釉色泛黄。通高37.6、口径23.2、腹径26.8、底径15.6厘米（图八七，4；彩版五八，1）。

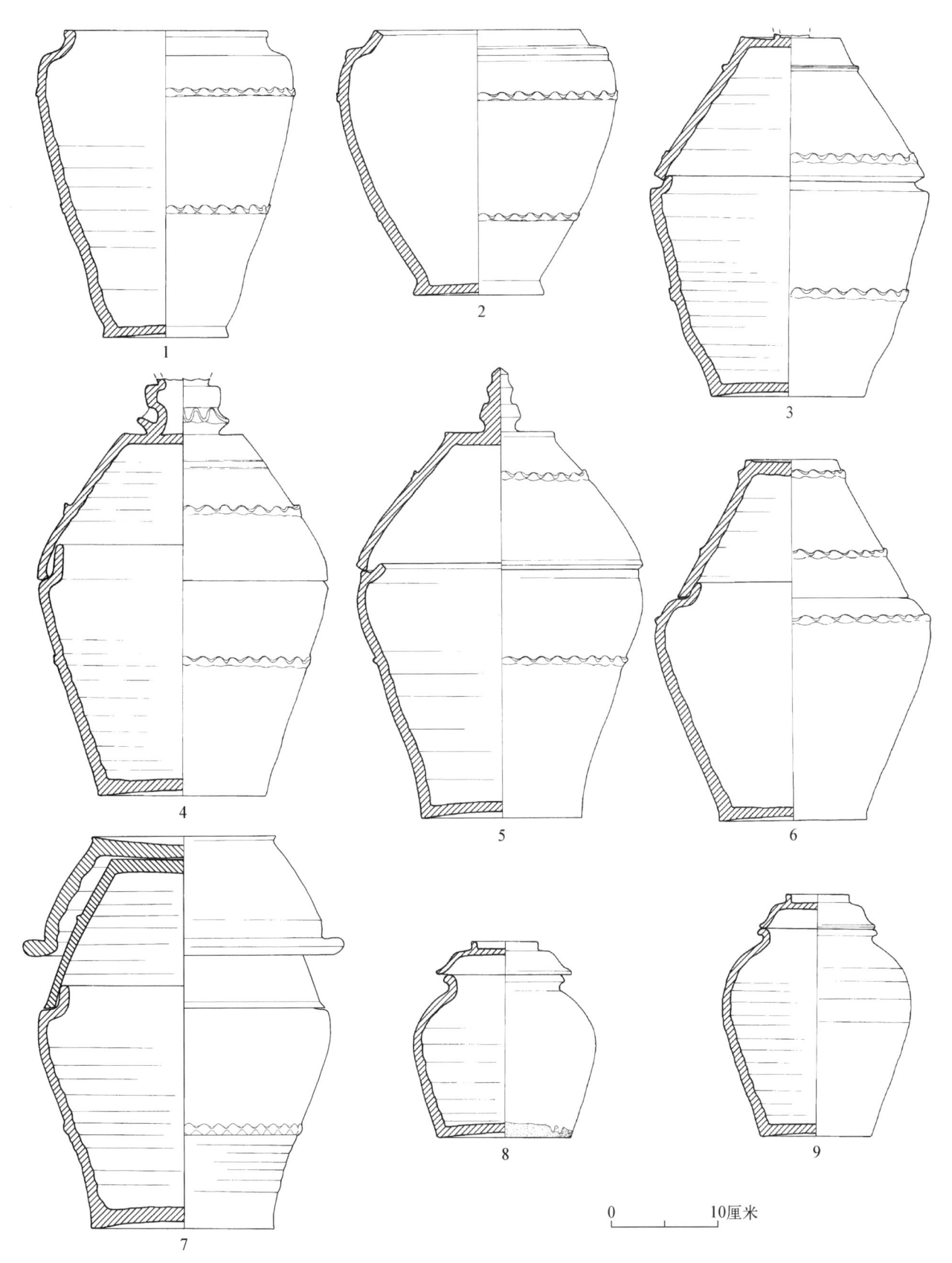

图八七　青釉瓷罐

1. Aa型（HZM15∶1）　2～6. Ab型（HZM160∶1、HZM65∶1、HZM21∶1、采∶3、HZM147∶1）
7. B型（HZM69∶2）　8、9. C型（HZM21∶2、HZM65∶2）

标本 HZM65：1，盖钮缺失，平顶，斜壁，方唇，盖面分别饰凸弦纹及花边纹各一周。身敛口，方唇，平底略内凹，腹部饰花边纹一周。罐身施青釉，釉色略泛黄，唇部及底部无釉。通高32.6、口径23.2、腹径26、底径14.4厘米（图八七，3；彩版五八，2）。

标本 HZM147：1，盖钮缺失，平顶、斜壁，盖面饰花边纹二周。身敛口，圆唇，鼓肩，平底略内凹，肩部饰花边纹一周。罐身施青釉，釉色较纯净，有淋釉现象。通高21.6、口径18、腹径26、底径13.6厘米（图八七，6；彩版五九，1）。

标本 HZM160：1，盖缺失。身敛口，方唇，平底略内凹，肩腹部饰花边纹二周。罐身除口沿外施青釉。身高24、口径18.8、腹径26、底径12厘米（图八七，2）。

标本 采：3，盖塔形钮，平顶，斜壁，方唇，盖面饰花边纹一周。身敛口，方唇，下腹内收，平底内凹，腹部饰花边纹一周。罐身施青釉，釉色略泛黄。通高40.6、口径22、腹径26.2、底径14.8厘米（图八七，5；彩版五九，2）。

B型　1件。

标本 HZM69：2，盖罐。双层盖，外盖以钵为盖，有淋釉现象。内盖为尖唇，斜弧腹，平顶略内凹，盖面饰花边纹一周，盖面及内壁施青釉，唇部及底部无釉。身敛口，圆唇，鼓肩，斜腹，平底内凹，腹部饰堆塑花边纹一周。罐身施青釉，釉色略泛黄，唇部及底部无釉。通高35.4、口径25、腹径27.6、底径17.8厘米（图八七，7；彩版五七，1）。

C型　8件。内罐。盖罐。

标本 HZM21：2，以碟为盖，广口，圆唇，弧腹。身侈口，鼓腹，平底内凹，素面。内外均施青釉，外壁施釉不及底。通高17.6、口径11.2、腹径16.8、底径12.4厘米（图八七，8；彩版五七，4）。

标本 HZM65：2，以碟为盖，广口，圆唇，弧腹。身侈口，鼓肩，弧腹，平底略内凹，素面。通体施青釉。通高21.8、口径11.2、腹径17.6、底径10.4厘米（图八七，9；彩版五七，3）。

2. 钵

共7件（包括采集器物）。分三型。

A型　2件。器形大。深腹。

标本 HZM69：3，卷沿，尖唇，斜弧腹，平底略内凹，腹部饰花边纹一周。器表内外施青釉，釉色泛黄。身高13.5、口径26.6、底径13.5厘米（图八八，1）。

标本 采：11，卷沿，圆唇，斜腹，平底略内凹，器身上腹饰凹弦纹三周。器表内外均施青釉，釉色泛黄，外壁下腹及底无釉。身高13.2、口径28.4、底径15.6厘米（图八八，2；彩版六〇，1）。

B型　4件。器形大。浅腹。

标本 HZM18：2，卷沿，圆唇，斜腹，平底，唇部及内底可见支钉痕。器表内外施青釉，釉色泛黄，唇部无釉，有淋釉现象。身高11、口径28.8、底径16.6厘米（图八八，4；彩版六〇，2）。

标本 HZM40：2，折沿，圆唇，弧腹，平底，内底可见支钉痕。器表内外施青釉，釉色泛黄，唇部及底部无釉。身高14、口径31.2、底径21厘米（图八八，3）。

标本 HZM56：2，折沿，圆唇，弧腹，平底略内凹。器表施青釉不及底，釉色泛黄，唇部无釉。

图八八 青釉瓷钵

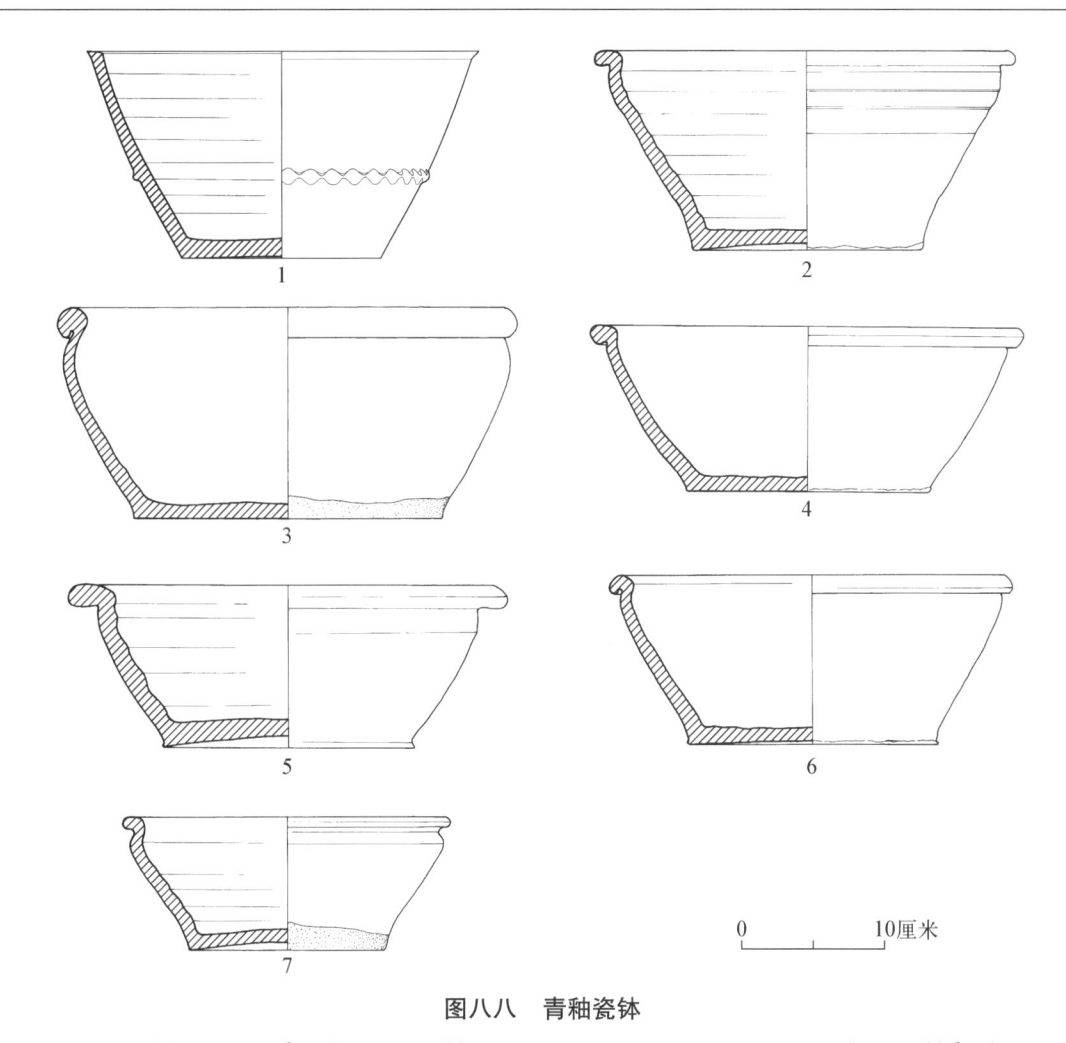

1、2. A型（HZM69∶3、采∶11） 3～6. B型（HZM40∶2、HZM18∶2、HZM69∶1、HZM56∶2） 7. C型（采∶5）

身高11.2、口径27.6、底径17.2厘米（图八八，6；彩版六〇，3）。

标本HZM69∶1，卷沿，圆唇，弧腹，平底内凹。器表内外施青釉，釉色泛黄，唇部及底部无釉。身高10.8、口径29.6、底径17.2厘米（图八八，5；彩版六〇，4）。

C型 1件。器形小。

标本采∶5，卷沿，圆唇，斜腹，平底内凹，内底可见支钉痕。器表内外施青釉，釉色泛黄，外壁施釉不及底。身高8.8、口径22、底径13.2厘米（图八八，7；彩版六〇，5）。

3. 瓮

共2件。分两型。

A型 1件。

标本HZM40∶1，以钵为盖。身侈口，宽折沿，鼓肩，下腹斜直内收，平底略内凹，素面。外壁施青釉，釉色泛黄，施釉不及底。通高34、口径20、腹径31.6、底径13.2厘米（图八九，1；彩版六一，1、3）。

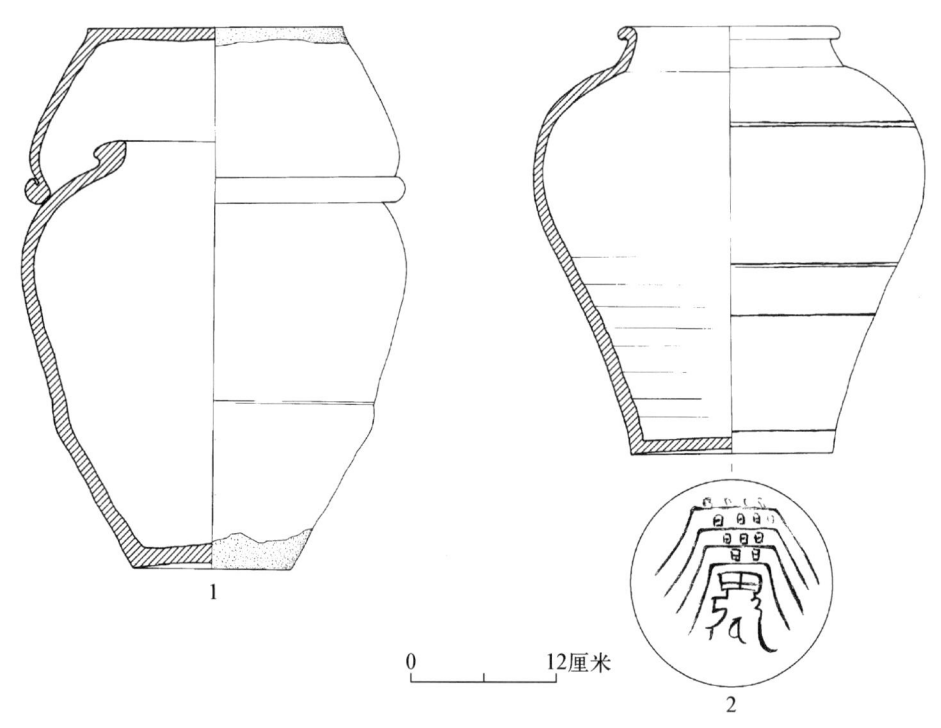

图八九　青釉瓷瓮

1. A型（HZM40∶1）　2. B型（采∶4）

B型　1件。

标本采：4，盖缺失。身敛口，卷沿，短颈，鼓肩，下腹斜直内收，平底略内凹，肩腹部饰弦纹三周，底部有一道符箓。外壁施青釉，釉色泛黄，施釉不及底。身高34、口径18、腹径30.8、底径16.4厘米（图八九，2；彩版六一，2）。

三、采集陶质葬具

采集陶罐30余件，多数与发掘出土品相同或相似，本报告仅叙述发掘品中未见者。

标本采：12，内罐。夹砂灰陶。盖缺失。罐身敛口，圆唇，斜腹下收，平底略内凹。罐身及底部刻划梵文经咒，罐身一面有"追为适稼神道"字样。身高31、口径9.5、腹径19、底径12厘米（彩版六二，1~3）。

标本采：13，内罐。夹砂灰陶。盖缺失。罐身敛口，圆唇，弧腹，平底略内凹。罐身刻划梵文经咒，一面有"东奉为王者何观音□神识"字样，底部有一道符箓。身高20、口径8.5、腹径16.1、底径10厘米（彩版六二，4、5）。

标本采：14，内罐。泥质灰陶。盖缺失。罐身敛口，圆唇，弧腹，假圈足外撇。罐身饰三层仰莲瓣纹，莲瓣内饰彩绘图案，罐身有朱书梵文。身高30.5、口径11、腹径18.5、底径10厘米（彩版六二，6）。

第四节 随葬器物

苏家坡火葬墓地共出土随葬器物836件。随葬器物种类较多,按质地可分为釉陶、陶器、金属器等。

一、釉陶器及陶器

(一)釉陶器

共5件。有釉陶罐、釉陶瓶、釉陶杯,均为明器。

1. 釉陶罐

2件。形制相似。

标本HZM226:2,带盖,平顶,宝珠钮。方唇,短颈,鼓肩,斜腹内收,平底。施酱釉,釉不及底。通高8.6、口径4.7、腹径8.2、底径4厘米(图九〇,1;彩版六三,2,右)。

标本HZM226:3,带盖,平顶,宝珠钮。方唇,短颈,鼓肩,斜腹内收,平底。施酱釉,釉不及底。通高8.5、口径4.7、腹径8.2、底径4.2厘米(图九〇,2;彩版六三,2,左)。

2. 釉陶瓶

2件。形制相似。

标本HZM226:4,细长颈,贯耳,圆腹,平底略内凹。施酱釉,釉不及底。通高10.85、口径2.5、腹径6、底径3.6厘米(图九〇,3;彩版六三,3,右)。

标本HZM226:6,细长颈,贯耳,圆腹,平底略内凹。施酱釉,釉不及底。通高10.8、口径2.4、腹径6.2、底径3.7厘米(图九〇,4;彩版六三,3,左)。

3. 釉陶杯

1件。

标本HZM226:5,方唇,敛口,直腹,束腰,平底。施酱釉,釉不及底。通高6.1、口径6.8、腹径7.2、底径3.5厘米(图九〇,5;彩版六三,1)。

(二)陶器

共17件。有陶龟、陶钵。

1. 陶龟

16件。依体型大小分二型。

A型 11件。体型较小。

标本HZM65:3,四肢与头微微探出,嘴半开,眼作张望状;背甲、龟身、腹甲分为三层组合,背甲圆形隆起,无脊棱,有圆形龟背纹;尾粗短。体长4.8、宽4.1厘米(图九〇,6;彩版六三,4)。

1~5. 0 3厘米   6~8. 0 2厘米

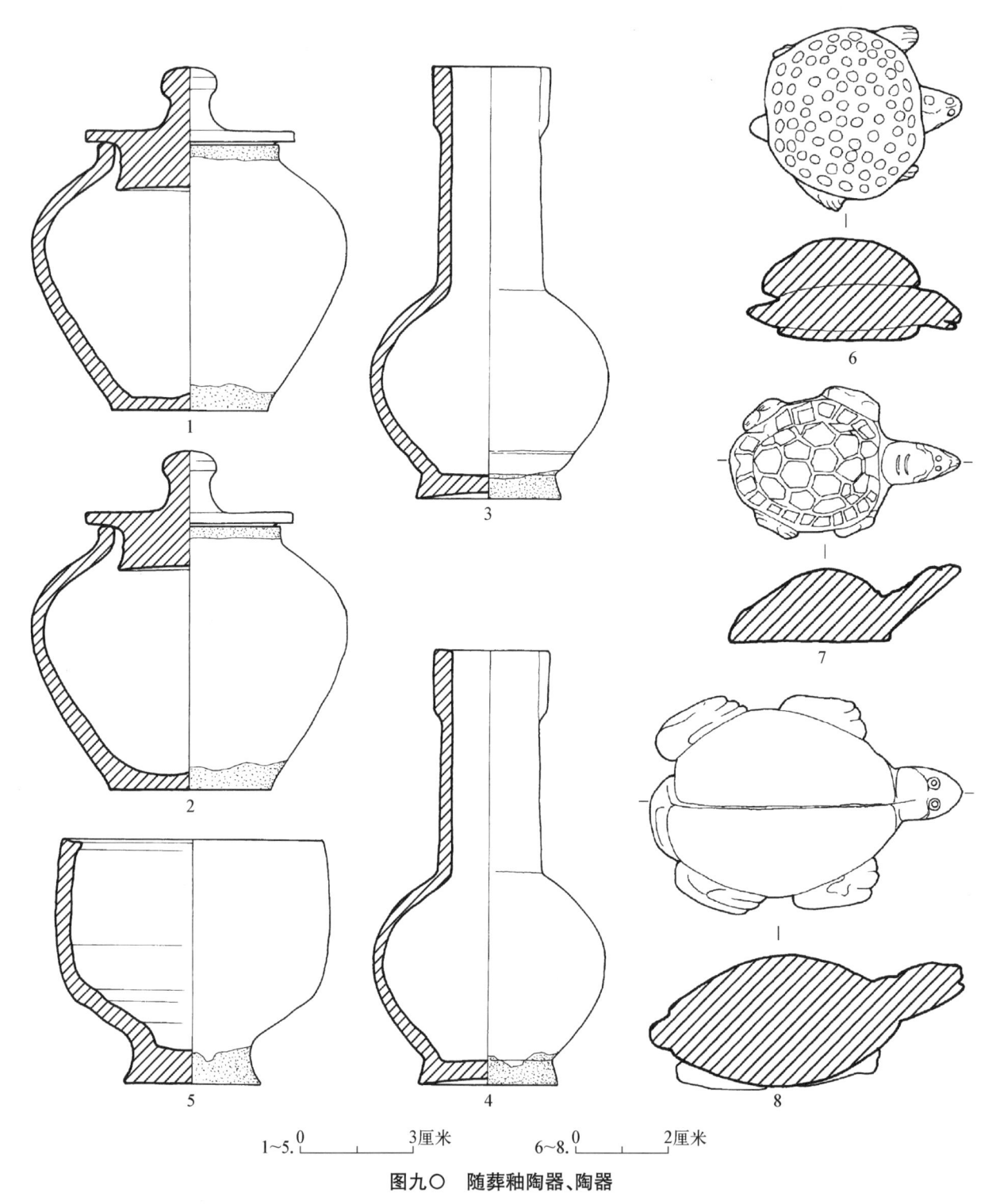

图九〇 随葬釉陶器、陶器

1、2. 釉陶罐（HZM226：2、HZM226：3） 3、4. 釉陶瓶（HZM226：4、HZM226：6） 5. 釉陶杯（HZM226：5）
6、7. A型陶龟（HZM65：3、HZM163：4） 8. B型陶龟（HZM61：16）

标本HZM163∶4，作昂首状，颈长，眼向前眺望，嘴闭合，颈部饰二刻划纹饰；背甲高高隆起，背甲中央为五边形龟背纹，四周有辐射纹，无腹甲，背甲上有朱色梵文，已不清晰；四足作静立状，脚趾清晰。体长5、宽3.3、颈长2厘米（图九〇，7；彩版六三，5）。

B型　5件。体型略大。

标本HZM61∶16，作引颈昂首爬行状，圆眼，上视，口微张；背甲中央一条脊棱高高隆起，无甲饰，有朱色梵文，已不清晰；前足扑地，后足用力蹬，四足脚趾清晰；短尾向右，一半掩于背甲之下。体长7.2、宽4.5厘米（图九〇，8；彩版六三，6）。

2. 陶钵

1件。

标本HZM73∶4，残缺。

二、金属器

（一）铜器

共500件。有铜镯、铜镊子、铜耳环、铜法轮饰、铜片、铜钱等。

1. 铜镯

22件。根据制作工艺差异分三型。

A型　18件。接口相对。

标本HZM47∶5，圆形，镯身纤细。外径6、断面直径0.3厘米（图九一，2）。

标本HZM180∶4，椭圆形，两接头处为平头，接口端略粗。最大外径7.6、最小外径6.7、断面直径1.1厘米（图九一，1；彩版六四，5）。

B型　2件。接口交错。

标本HZM178∶3，近圆形，接口端相交错，器身呈圆丝状，两接头处为平头。最大外径5、最小外径4.7、断面直径0.4厘米（图九一，3；彩版六四，6）。

C型　2件。接口缠绕。

标本HZM43∶3，椭圆形，中部略粗，向两接口端逐渐收细，接口端相互交错，以环状彼此缠绕。最大外径6.4、最小外径5.8厘米（图九一，4；彩版六四，7）。

2. 铜镊子

6件。均带耳勺。

标本HZM154∶1∶3，由销子连接一活动环将镊子与耳勺串连。镊子为长条圆柱状，上窄下宽，上部附可移动套环，两面有脊，对折成夹，可开合，刃部对向弯折。器身长7.2、刃部宽1.5厘米。耳勺呈长条形，上部为柄，略宽，下部扭曲呈螺旋状，最下端为勺形。器身长6.5、柄宽0.5厘米（图九一，5；彩版六四，3）。

标本HZM190∶6，镊子与耳勺由一圆环串连。镊子为长条形，上窄下宽，对折成夹，可开合，刃部对向弯折。器身长7.1、刃部宽0.9厘米。耳勺为长条形，上宽下窄，最下端为勺形。器身长6、柄宽0.6厘米（图九一，6；彩版六四，4）。

0   4厘米

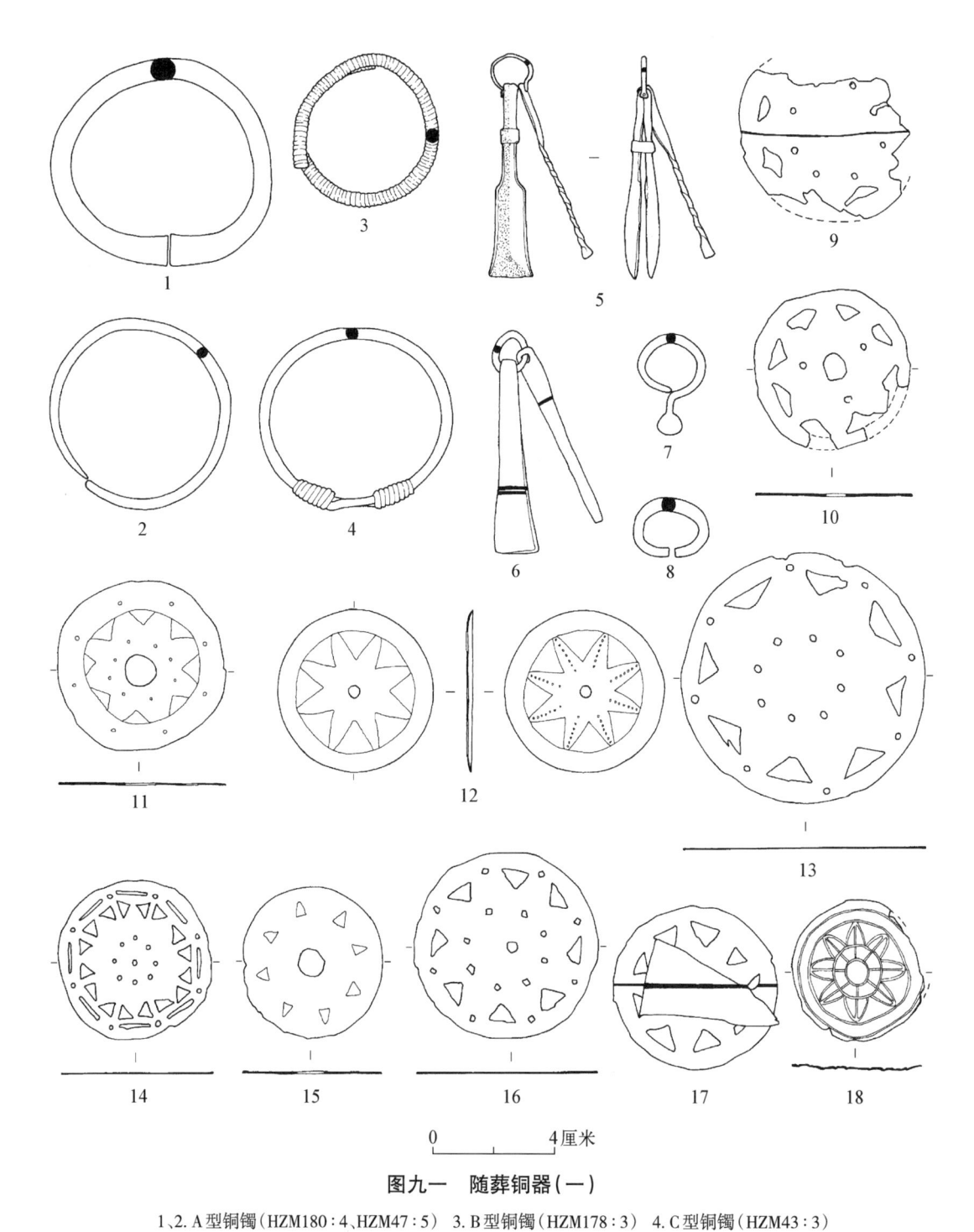

图九一　随葬铜器（一）

1、2. A型铜镯（HZM180∶4、HZM47∶5）　3. B型铜镯（HZM178∶3）　4. C型铜镯（HZM43∶3）
5、6. 铜镊子（HZM154∶1∶3、HZM190∶6）　7、8. 铜耳环（HZM155∶4、HZM51∶4）
9～17. A型铜法轮饰（HZM220∶4、HZM9∶6、HZM215∶6、HZM157∶6、HZM104∶4、HZM67∶6、HZM61∶25、HZM189∶6、HZM154∶6）
18. B型铜法轮饰（HZM137∶4）

3. 铜耳环

13件。

标本HZM51：4，椭圆形，有接口，中部较粗，两接口端细。最大外径2.5、最小外径1.8、断面直径0.2~0.4厘米（图九一，8；彩版六四，1）。

标本HZM155：4，近圆形，有接口，带坠，坠为圆铃形。环最大直径2.3、最小直径2.1、断面直径0.15、坠径0.6厘米（图九一，7；彩版六四，2）。

4. 铜法轮饰

85件。均为薄片，依据制造工艺不同，分为二型。

A型　69件。内镂空法轮。

标本HZM9：6，双面贴金，中心有一较大圆孔，圆孔外围分布八个小孔。直径5.1厘米（图九一，10）。

标本HZM61：25，中心有一较大圆孔，圆孔外围分布八个小孔。直径4.7厘米（图九一，15；彩版六五，1）。

标本HZM67：6，中心有一小圆孔，孔外围分布八个小圆孔，外缘分布一周三角形、长条形、圆形小孔。直径5.1厘米（图九一，14；彩版六五，2）。

标本HZM104：4，中心分布八个小圆孔，外缘分布一周三角形、圆形小孔。直径8厘米（图九一，13；彩版六五，3）。

标本HZM154：6，一面粘接一三角形铁片，外缘分布一周三角形小孔。直径5.4厘米（图九一，17）。

标本HZM157：6，中心有一圆孔。直径5.2厘米（图九一，12；彩版六五，4）。

标本HZM189：6，上有朱书经咒。中心有一小圆孔，外围分布八个方形小孔，外缘分布一周三角形、圆形小孔。直径6厘米（图九一，16；彩版六五，5）。

标本HZM215：6，中心有一较大圆孔，圆孔外围分布八个小圆孔。直径5.5、中间孔径0.7厘米（图九一，11；彩版六五，6）。

标本HZM220：4，正面贴金，残缺。直径5.8厘米（图九一，9）。

B型　16件。压印法轮。

标本HZM137：4。直径4.5厘米（图九一，18；彩版六五，7）。

5. 铜片

362片。均为薄片制成，部分锈蚀严重。依据形制不同分为五型。

A型　22片。"卍"字形。

标本HZM17：4：2，长1.7、宽1.7厘米（图九二，3）。

标本HZM18：3，长2.5、宽2.5厘米（图九二，1；彩版六六，1）。

标本HZM147：3：2，长2.5、宽2.5厘米（图九二，2；彩版六六，2）。

B型　30片。八角星形。

标本HZM51：3，角上有棱，中有圆孔。直径2.7厘米（图九二，5）。

图九二 随葬铜器（二）

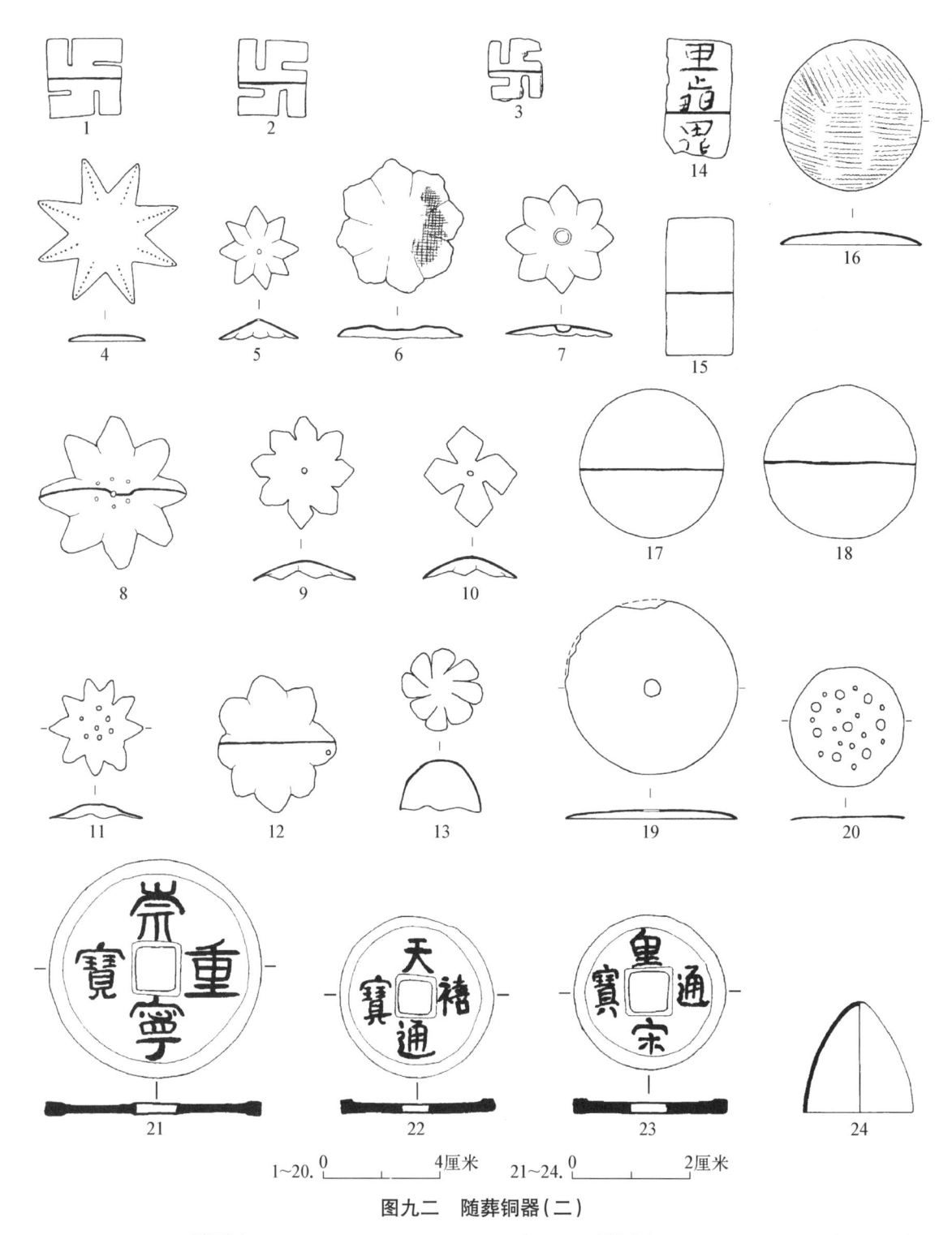

1～3. A型铜片（HZM18:3、HZM147:3:2、HZM17:4:2） 4、5. B型铜片（HZM157:4:1、HZM51:3）
6～13. C型铜片（HZM147:3:1、HZM58:4、HZM46:3、HZM49:3:1、HZM49:3:2、HZM15:4:1、HZM15:4:2、HZM17:4:1）
14、15. D型铜片（HZM220:3、HZM157:4:3）
16～20. E型铜片（HZM190:3、HZM157:4:2、HZM96:5、HZM194:3、HZM15:4:3）
21～23. 铜钱（HZM184:4、HZM223:3、HZM175:3） 24. 铜帽（HZM167:4）

标本HZM157∶4∶1,角上有点状脊。直径5.2厘米(图九二,4;彩版六六,3)。

C型　82片。花瓣形。

标本HZM15∶4∶1,花瓣九瓣,瓣上有脊,中有七个小孔状花蕊。花瓣宽0.7～0.8、直径3.1厘米(图九二,11)。

标本HZM15∶4∶2,花瓣八瓣,其中一瓣上有一个小圆孔。花瓣宽1～1.5、直径4.3厘米(图九二,12)。

标本HZM17∶4∶1,花瓣八瓣,内凹。花瓣宽0.3～0.4、直径2.5厘米(图九二,13)。

标本HZM46∶3,花瓣八瓣,瓣上有脊,中有一个压印圈形花蕊,圈内有七个乳钉纹。花瓣宽1.1、直径5厘米(图九二,8;彩版六六,4)。

标本HZM49∶3∶1,花瓣八瓣,瓣上有脊,中有一个小圆孔。花瓣宽0.9、直径3.4厘米(图九二,9)。

标本HZM49∶3∶2,花瓣四瓣,瓣上有脊,中有一个小圆孔。花瓣宽1.3、直径3.2厘米(图九二,10)。

标本HZM58∶4,花瓣八瓣,瓣上有脊,中有一个压印圆形花蕊。花瓣宽1、直径3.5厘米(图九二,7;彩版六六,5)。

标本HZM147∶3∶1,花瓣八瓣,附有织物,织物上有朱书。花瓣宽1.4、直径4.3厘米(图九二,6;彩版六六,6)。

D型　86片。长方形。

标本HZM157∶4∶3,长4.5、宽2.3厘米(图九二,15;彩版六七,1)。

标本HZM220∶3,器表有朱书经咒。长4.3、宽2.1厘米(图九二,14;彩版六七,2)。

E型　142片。圆形或椭圆形。

标本HZM15∶4∶3,分布有21个小圆孔。直径3.9厘米(图九二,20)。

标本HZM96∶5。直径5.1厘米(图九二,18;彩版六七,3)。

标本HZM157∶4∶2。直径4.8厘米(图九二,17;彩版六七,4)。

标本HZM190∶3,器表贴金。直径4.9厘米(图九二,16;彩版六七,5)。

标本HZM194∶3,圆心有小孔。直径5.7、孔径0.5厘米(图九二,19;彩版六七,6)。

6. 铜钱

4枚。

标本HZM164∶5,"崇宁重宝",圆形方孔。直径3.6厘米(彩版六八,1)。

标本HZM175∶3,"皇宋通宝",圆形方孔。直径2.6厘米(图九二,23)。

标本HZM184∶4,"崇宁重宝",圆形方孔。直径3.6厘米(图九二,21;彩版六八,2)。

标本HZM223∶3,"天禧通宝",圆形方孔。直径2.7厘米(图九二,22;彩版六八,3)。

7. 铜帽

8颗。

标本HZM167∶4,锥形,圆顶。底面直径2、高2厘米(图九二,24)。

（二）铁器

31件。有铁片、棺钉。

1. 铁片

8片。有圆形、长方形、法轮形、星形和不规则形。素面，锈蚀严重。

标本HZM128∶6，圆形。直径3.3厘米（图九三，2）。

标本HZM163∶6，圆形，内镂空压印。直径3.7厘米（图九三，3）。

标本HZM197∶5，长方形。长4.5、宽3厘米（图九三，1；彩版六八，4）。

2. 棺钉

23件。

标本HZM173∶5，直钉，扁帽，钉杆为四方体状，呈锥形。长5.3、帽端面长0.9、宽0.2厘米（图九三，4）。

（三）银器

7件。均为薄片。有花形、长方形和圆形。

标本HZM115∶3∶2，圆形。直径2.5厘米（图九三，7；彩版六八，5）。

标本HZM115∶3∶3，长方形。长3.2、宽1.8厘米（图九三，6；彩版六八，6）。

标本HZM190∶7，花形，压印八瓣花瓣，花瓣有脊。花瓣宽1.4～2、直径5.1厘米（图九三，5；彩版六八，7）。

三、杂项

（一）玛瑙珠

30颗。有圆形、圆柱形和锥形。

标本HZM90∶4，圆柱形，中有一穿，褐色。长1、直径0.8厘米（图九三，10；彩版六九，2，右）。

标本HZM135∶5，圆形，中有一穿，琥珀色。直径0.9厘米（图九三，8；彩版六九，1）。

标本HZM215∶2∶5，锥形，中有一穿，琥珀色。长2.1、最大径1厘米（图九三，9；彩版六九，2，左）。

（二）料珠、料管、料片

110件。

1. 料珠

77颗。根据外形不同分为二型。

A型　19颗。花形。

标本HZM20∶3，乳白色，外轮廓为六瓣花瓣，中有一穿。外径2.6、孔径0.9厘米（图九三，11；彩版六九，3）。

B型　58颗。圆形。

标本HZM194∶4∶2，海蓝色，中有一穿。直径2、孔径0.8厘米（图九三，12；彩版六九，6）。

第二章　墓葬分布、形制及详例 ·83·

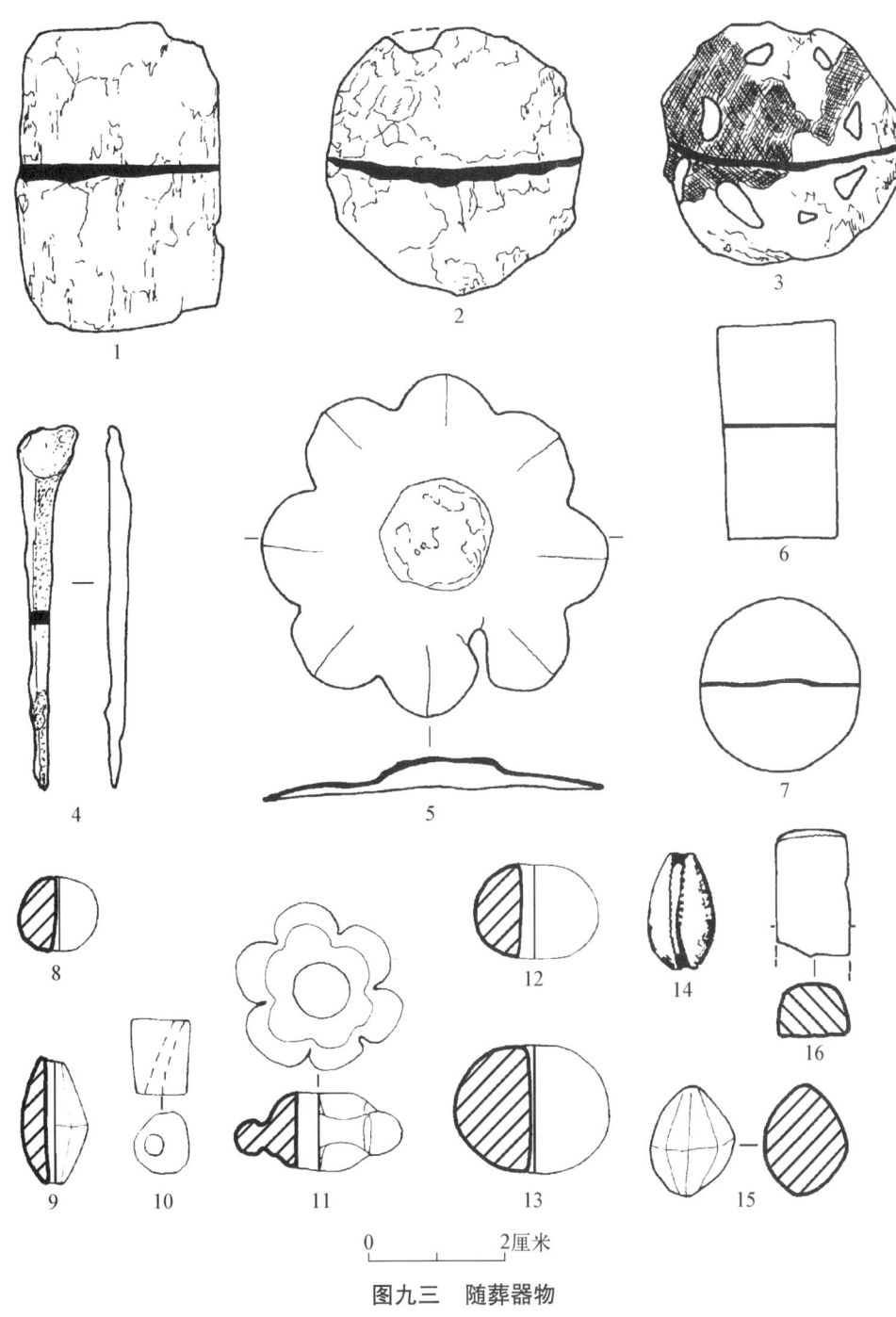

图九三　随葬器物

1～3. 铁片（HZM197∶5、HZM128∶6、HZM163∶6）　4. 棺钉（HZM173∶5）
5～7. 银片（HZM190∶7、HZM115∶3∶3、HZM115∶3∶2）
8～10. 玛瑙珠（HZM135∶5、HZM215∶2∶5、HZM90∶4）　11. A 型料珠（HZM20∶3）
12、13. B 型料珠（HZM194∶4∶2、HZM197∶4∶1）
14. 海贝（HZM147∶4）　15、16. 玉石（HZM22∶4、HZM128∶1∶3）

标本HZM197：4：1，乳白色，中有一穿。直径2.3、孔径0.5厘米（图九三，13；彩版六九，5）。

2. 料管

26件。质地为烧料，多数残缺。

标本HZM90：3，一端呈葫芦形，一端呈管状。长9.2厘米（彩版六九，4）。

3. 料片

7片。均为碎片，形制不明。

（三）玉石

2件。

标本HZM22：4，白色，半透明，略呈锥形。长1.6、最大径1.3厘米（图九三，15）。

标本HZM128：1：3，一端已残，外表灰褐色，内体为白色，呈长条形，断面为半圆形。长1.7、断面直径1厘米（图九三，16）。

（四）海贝

96枚。外形相同，大小不一。

标本HZM147：4，22枚。大者长1.8、小者长1.4厘米（图九三，14；彩版七〇，1）。

（五）其他

1. 稻谷

8粒。

标本HZM179：10，谷粒完好（彩版七〇，4）。

2. 松香

3粒。

标本HZM53：6、HZM43：5，均残。

3. 松子

12颗。

标本HZM215：2：7、HZM179：9，基本完好（彩版七〇，3）。

4. 云母片

7片。

标本HZM223：6，残碎。

5. 药材

8件。

标本HZM179：8，成分不明，残碎（彩版七〇，2）。

第三章 墓葬分期

苏家坡墓葬分布不均匀，在有的区域较为稀少，在有的区域则相对密集。大部分墓葬埋藏较浅，开口于耕土层下。地层与墓葬、墓葬与墓葬之间存在许多叠压和打破关系，提供了它们之间的相对早晚序列关系。墓葬中出土遗物以作为专用葬具的陶外罐最多，大部分陶外罐为完整器或可复原器，陶外罐制作规整，变化规律可以把握。亦有部分陶外罐由于受到盗扰等因素破坏而无法复原。以下通过一些典型火葬墓层位序列关系组的分析并结合葬具的变化规律，对本次发掘墓葬的分期加以讨论。

首先考察以下的叠压、打破（以→表示）关系组：

1. ②层→HZM220→HZM221→生土
2. ①层→HZM195→HZM190→生土
3. ①层→HZM108→HZM207→生土
4. ①层→HZM131→HZM132→HZM223→生土
5. ①层→HZM102→HZM103→HZM217→生土
6. ①层→HZM183→HZM182→生土
7. ①层→HZM176→HZM178→生土
8. ①层→HZM125→HZM181→生土
9. ①层→HZM141→HZM179→HZM211→生土
10. ①层→HZM200→HZM218→生土
11. ①层→HZM208→HZM209→生土
12. ①层→HZM27→HZM28→生土
13. ①层→HZM58→HZM61→生土
14. ①层→HZM106→HZM191→生土
15. ①层→HZM53→HZM54→生土
16. ①层→HZM14→HZM56→生土
17. ①层→HZM12→HZM62→生土
18. ①层→HZM87→HZM88→生土
19. ①层→HZM8→生土

20. ①层→HZM40→生土

上述20组关系涉及41座墓葬,根据墓葬中出土的23个陶外罐及1个青花瓷罐和1个青釉瓷瓮,得出附表一(附后)。将附表一中出同样型式葬具的火葬墓视为同一时期的遗存,再参照墓葬之间的早晚顺序,可以归纳出10个由早到晚的时间段:

第1段:HZM190、HZM220,被第2段墓葬打破,葬具为Aa型陶外罐。

第2段:HZM221,被第3段墓葬打破,葬具为Ab型陶外罐。

第3段:HZM207、HZM223、HZM217、HZM103,被第4段墓葬打破,葬具为Da、Db、Dc型陶外罐。

第4段:HZM176、HZM102、HZM181,被第5段墓葬打破,葬具为Ia、Ib、Ic型陶外罐。

第5段:HZM141、HZM218,被第6段墓葬打破,葬具为Ka、Kb型陶外罐。

第6段:HZM179、HZM209、HZM183,被第7段墓葬打破,葬具为Na、Nb、Nc型陶外罐。

第7段:HZM208、HZM195、HZM125、HZM28,被第8段墓葬打破,葬具为Oa、Oc型陶外罐。

第8段:HZM53、HZM58、HZM133、HZM173、HZM61,被第9段墓葬打破,葬具为Qa、Qb型陶外罐。

第9段:HZM56、HZM62、HZM14、HZM106、HZM108,被第10段墓葬打破,葬具为Ra型陶外罐及Aa型青花瓷罐。

第10段:HZM87、HZM12、HZM8、HZM40,开口于①层下,葬具为U、V、W型陶外罐和A型青釉瓷瓮。

上述10段所涉及的葬具组合和演变具有一定规律,将墓地其他出同型式葬具的火葬墓与之相比较,得到葬具组合演变与层位的叠压打破关系亦能吻合的结论,10个时间段由此可以确定。对于尚未确定时间段的葬具,可根据与确定时间段葬具的共存关系和所属墓葬的层位关系,纳入相应的时间段,从而得出附表二(附后)。此表基本涵盖了苏家坡墓地的葬具类型,葬具演变序列明确。

附表二反映出苏家坡墓地第1段至第10段是一个较长时期的变化过程。

第1、2段葬具类型较少,有Aa、Ab、Ac、Ba、Bb、Ca、Cb型陶外罐。其风格与第3段差异较大,可将第1、2段定为苏家坡墓地第一期。

第3、4段葬具不见第一期的罐型,新出现Da、Db、Dc、E、F、Ga、Gb、Gc、Ha、Hb、Ia、Ib、Ic、Ja、Jb型陶外罐,可将第3、4段定为苏家坡墓地第二期。

第5、6段不见第二期罐型,新出现Ka、Kb、Kc、L、M、Na、Nb、Nc型陶外罐,可将第5、6段定为苏家坡墓地第三期。

第7、8、9段不见第三期罐型,新出现Oa、Ob、Oc、P、Qa、Qb、Ra、Rb、S、T型陶外罐,同时出现青花瓷罐作为新的葬具,可将第7、8、9段定为苏家坡墓地第四期。

第10段不见第四期罐型,新出现U、V、W型陶外罐,同时出现青釉瓷瓮作为新的葬具。葬具风格发生较大变化,可将第10段定为苏家坡墓地第五期。

以上讨论了火葬墓的分期,除火葬墓外,还发掘1座土葬墓TZM95,该墓葬未出土随葬品,根据其开口于①层下的地层关系,可将此座土葬墓归入第五期。

第四章 结 语

出于各种原因,苏家坡墓地仅发掘了墓地中心的一部分。因遭到人为破坏,部分葬具已不完整。发掘的部分墓葬之间叠压打破关系复杂,出土的葬具和随葬品较多,具备了对墓葬地层关系与器物型式组合变化相互印证研究的条件。应用现有资料研究苏家坡墓地自身的发展脉络,可以逐步建立建水乃至滇南地区的火葬墓编年标尺,使我们对相应历史时期该区域丧葬习俗的特征和演变有较直观的认识和了解。

一、苏家坡墓地各期特征及年代推断

墓葬分为五期,前四期均流行火葬墓。第五期在流行火葬墓的同时,出现土葬墓。

第一期墓葬数量较少,仅有24座。均为圆形竖穴土坑墓,以单人双罐葬为主,出现个别合葬。葬具有Aa、Ab、Ac、Ba、Bb、Ca、Cb型陶外罐,侈口Aa、Ac型,敛口Aa、Ac、Ba、Bb型和直口Aa、Ac型陶内罐,主流葬具为Aa、Ab型陶外罐和侈口Aa型、敛口Aa型、直口Aa型陶内罐。外罐以夹砂或泥质灰白陶为主;盖为塔形莲瓣座钮,罐身多为敛口,鼓腹,假圈足略外撇;纹饰主要有弦纹、水波纹、莲瓣纹等。内罐以夹砂或泥质灰陶为主;罐身为鼓腹,平底略内凹,假圈足外撇;纹饰主要有仰莲瓣纹、三角莲纹等。出土有少量的随葬品,包括陶龟、铜法轮饰、铜片、料珠、料管等。

第二期墓葬有37座。为圆形或椭圆形竖穴土坑墓,以单人双罐葬为主,出现少量三人合葬。已不见第一期所用葬具,葬具有Da、Db、Dc、E、F、Ga、Gb、Gc、Ha、Hb、Ia、Ib、Ic、Ja、Jb型陶外罐,侈口Aa、Ab、Ac、Ba、Bc、Ca型,敛口Aa、Ac、Ad型和直口Aa、Ab、Ac、Ad、Ba型陶内罐,新出现侈口Ba、Bc型陶内罐。主流葬具为Da、Db、Dc、Ia、Ib、Ic型陶外罐,以及侈口Aa、Ab、Ca型,敛口Aa、Ad型和直口Aa、Ab、Ad型陶内罐。外罐以夹砂或泥质黑灰陶为主;盖为塔形莲瓣座钮,罐身多为敛口,鼓腹,平底略内凹,假圈足外撇;纹饰主要有弦纹、水波纹、花边堆纹、仰莲瓣纹等。内罐以夹砂或泥质黑灰陶为主;罐身为鼓腹,平底略内凹,假圈足外撇;纹饰主要有仰莲瓣纹、三角莲纹、卷草纹,并有少量彩绘图案。出土有少量的随葬品,包括陶龟、铜镯、铜法轮饰、铜片、铜耳环、铜镊子、料珠、料管、玛瑙珠、药材等。

第三期墓葬有37座。为圆形或椭圆形竖穴土坑墓,除单人双罐葬和双人双罐葬外,新出现三人以上的多人合葬。不见第二期所用葬具。葬具有Ka、Kb、Kc、L、M、Na、Nb、Nc型陶外罐,侈口Ab、Bb、Bc、Ca型，敛口Aa、Ac、Bb型和直口Ab、Ad、Ba、Bb型陶内罐，主流葬具为Ka、Kb、Na、Nb、Nc型陶外罐，以及侈口Ab、Bb、Bc、Ca型，敛口Aa、Ac型和直口Ab、Ad、Ba型陶内罐。外罐以夹砂黄褐陶、灰白陶为主；盖为塔形莲瓣座钮，罐身多为敛口，斜直腹，平底略内凹，假圈足外撇；纹饰主要有覆莲瓣纹、花边堆纹、水波纹、弦纹等。内罐以夹砂或泥质黑灰陶、灰陶为主；罐身为鼓腹，平底略内凹，假圈足外撇；纹饰主要有仰莲瓣纹、三角莲纹、卷草纹等，有少量彩绘图案。本期内罐和盖顶有朱书梵文，烧骨上亦有朱书梵文。出土随葬品有陶龟、铜镯、铜耳环、铜镊子、铜法轮饰、铜片、料珠、料管、玛瑙珠、稻谷、药材等。

第四期墓葬有96座，为圆形或椭圆形竖穴土坑墓，除单人双罐葬和双人双罐葬外，仍流行多人合葬。不见第三期所用葬具。葬具有Oa、Ob、Oc、P、Qa、Qb、Ra、Rb、S、T型陶外罐，侈口Ab、Bb、Bc、Ca、Cb、Cc型，敛口Aa、Ab、Ad、Ba、Bb型和直口Ab、Ac、Ba、Bb型陶内罐，主流葬具有Oa、Oc、Qa、Qb、Ra型陶外罐，以及侈口Ab、Bc、Cb、Cc型，敛口Aa、Ab、Ba、Bb型和直口Ab、Ad、Ba、Bb型陶内罐。新出现青花瓷罐作为葬具。青花呈色蓝黑，纹饰繁密，装饰有凤穿牡丹、缠枝牡丹、仰莲瓣、蕉叶纹、狮子滚绣球、八仙人物等纹饰和图案。外罐以夹砂灰陶或泥质灰陶为主；盖为莲瓣座钮，罐身多为敛口，斜直腹或弧腹，平底略内凹，假圈足外撇；纹饰主要有水波纹、花边堆纹、弦纹等。内罐以夹砂或泥质黑灰陶、灰陶为主；罐身为鼓腹，平底略内凹，假圈足外撇；纹饰主要有仰莲瓣纹、三角莲纹、卷草纹、水波纹等，有少量彩绘图案，也有较多内罐素面无纹饰。本期内罐和盖顶有朱书梵文，烧骨上亦有朱书梵文。出土随葬品种类最丰富，有陶龟、陶钵、铜镯、铜耳环、铜法轮饰、铜片、铁片、银片、玛瑙珠、料珠、料管、松香、海贝等。

第五期墓葬有32座，为圆形或椭圆形竖穴土坑墓，除单人双罐葬、双人双罐葬外，新出现土葬墓1座，标志着墓地葬俗开始发生转变。不见第四期所用葬具，葬具有U、V、W型陶外罐，U、V、W型陶外罐均为平底器，葬具风格发生变化，由假圈足向平底转变。出现青釉瓷罐作为葬具。内罐有侈口Cb、Cc型，敛口Bb型和直口Aa、Ab型陶内罐，C型青釉瓷内罐。主流葬具均为平底陶外罐和侈口Cb、Cc型，敛口Bb型和直口Ab型陶内罐。外罐以夹砂灰陶或泥质灰陶为主；罐身多为敛口，斜直腹或弧腹，平底。装饰趋于简化，多饰有弦纹或素面无纹。内罐以夹砂或泥质灰陶、黑灰陶为主；罐身为鼓腹，平底略内凹，多为素面。本期内罐或盖顶依然有朱书梵文。出土随葬品较多，有陶龟、釉陶器、铜法轮饰、铜片、料珠、料片、玛瑙珠、海贝等。

据上述各期特征分析，第一期和第二期之间联系不够紧密，存在小的缺环。第三期和第四期之间存在缺环。第四期和第五期之间亦存在小的缺环。第五期开始使用平底器、青花瓷罐、青釉瓷罐、青釉瓷瓮作为葬具，葬具风格发生较大变化。我们认为建水苏家坡墓地从第一期至第五期基本上是连续使用的，墓地的盛期为第四期、第五期。

苏家坡墓地出土铜钱4枚，HZM164、HZM184各出土1枚"崇宁重宝"，HZM175出土1枚"皇宋通宝"，HZM223出土1枚"天禧通宝"。"天禧"系北宋中期真宗（赵恒）在位的最后一个年号，其时为公元1017年至1021年，出土"天禧通宝"的HZM223为第二期墓葬，其年代上限不会早于公元1017年。其他出土钱币的墓葬属第二期及以后的墓葬。

参考现有资料，建水地区火葬墓的最早年代初步可以定在宋末至元初。因此，我们可以大致对苏家坡墓地的年代作出以下推断：

第一期年代约为宋代晚期至元代早期；

第二期年代约为元代中晚期；

第三期年代约为明代早期；

第四期年代约为明代中期；

第五期年代约为明代中晚期至清初。

二、红河州火葬墓地的情况

目前，红河哈尼族彝族自治州境内经过科学考古发掘的火葬墓地有：泸西和尚塔墓地、蒙自瓦渣地墓地及元阳六蓬墓地。

泸西和尚塔墓地位于红河哈尼族彝族自治州泸西县城东北部小山南面的缓坡地带。1998年4月至5月，由云南省文物考古研究所、红河哈尼族彝族自治州文物管理所、泸西县文化馆组成联合考古队对其进行了抢救性发掘，揭露面积600余平方米，清理墓葬201座。墓葬形制有圆形和椭圆形竖穴土坑火葬墓两类，另外，还发现1座长方形竖穴土坑墓。葬具多为陶罐，有少量釉陶罐及青花瓷罐，还出土少量的釉陶及瓷碗、盘和器座。带塔形钮和乳丁形钮盖的陶罐为专用葬具，大部分无盖釉陶和少部分灰陶罐为生活用具。灰陶制作的内、外罐，罐形整体瘦高，外罐罐身多饰有附加堆纹、刻划纹、十二生肖、莲花纹等，少量内罐罐身饰有人物图案，部分还有朱书梵文。墓地出土的十多件青花瓷罐，青花呈色泛黑。随葬品方面，有铜镜、铜钱、铜片、铜耳环、铜戒指、铁刀、铁片、料珠等。该墓地墓葬年代大致分为三期：第一期墓葬年代相当于宋中后期至元初；第二期墓葬年代为元代后期至明代初期；第三期墓葬年代为明代中晚期[1]。

蒙自瓦渣地墓地位于红河哈尼族彝族自治州蒙自县西南部，2001年12月至2002年1月，由云南省文物考古研究所、红河哈尼族彝族自治州文物管理所、蒙自县文物管理所组成考古队，对该墓地开展抢救性发掘工作。揭露面积891平方米，清理墓葬93座，其中火葬墓66座，土葬墓27座，墓葬形制有圆形、椭圆形、长方形和方形竖穴土坑墓四类。墓葬间叠压打破关系极少。火葬墓按葬具类型分为瓷质葬具墓、非瓷质葬具墓两类。前者以瓷罐作为葬具，后者据推断，多以长方形木盒作为葬具，不排除少数墓葬直接挖坑将烧骨及骨灰掩埋的情况。葬具以青花瓷罐和青釉瓷罐为主。随葬品多集中于土葬墓中，火葬墓中较少。有瓷碗、瓷罐、瓷碟、瓷瓶、瓷瓯、瓷杯、瓷香炉，方砖、陶龟，铜铃、铜簪、铜耳环、铜花饰，铅锡质地的香炉、烛台，银耳环、银簪等器类。该墓地土葬墓及瓷质葬具火葬墓年代推断为明代[2]。

元阳六蓬墓地位于红河哈尼族彝族自治州元阳县马街乡乌湾村民委员会六蓬村民小组东南约2公里的元江西岸坡地上，墓地面积2 500平方米。2007年6月至8月，由云南省文物考古研究所、红河哈尼族彝族自治州文物管理所、元阳县文物管理所等组成考古队，对墓地开展抢救性发

---

[1] 云南省文物考古研究所等：《泸西和尚塔火葬墓发掘报告》，《云南文物》2000年第1期。
[2] 云南省文物考古研究所：《云南考古报告集（二）》，云南科技出版社，2006年。

掘工作。揭露面积1 200平方米，清理墓葬224座，墓葬形制有石坑、土坑火葬墓和竖穴土坑墓三类。其中石坑火葬墓197座，土坑火葬墓22座，另外5座为近代土坑墓。所谓石坑火葬墓，一种是用石块平地围砌成圆形或椭圆形坑，中间放置葬具；另一种是先挖圆形土坑，放置葬具后，再在周围砌石块。葬具为陶罐和瓷罐。随葬品有施青釉、酱釉、蓝釉、白釉的瓷器，器类有瓷碗、瓷盅、瓷杯、瓷盘、瓷瓶、瓷壶，陶烟斗，铜烟具、铜镯、铜钱，铁烟具、铁钩、铁镰、铁矛、铁刀，锡质的器盖、盒，银镯、银首饰、银币，海贝等。依据墓葬中出土的钱币、有年款瓷器的款识及图案风格，推断该墓地年代为明代晚期到清代中期[1]。

三、苏家坡火葬墓地的区域性特点

上述对红河哈尼族彝族自治州境内业已发掘的三处火葬墓地的情况作了简要介绍，三处墓地在葬俗、葬具等方面均存在差异。泸西和尚塔墓地墓葬形制有圆形和椭圆形竖穴土坑墓两类，有少量合葬墓。葬具多为陶罐，有少量釉陶罐及青花瓷罐，多为双重罐葬，亦有单罐葬，有的外罐底部带有器座。三期墓葬中，第一期葬具以器形瘦高的单罐及图案繁丽的青花瓷罐为代表，多为生活实用器而非专用葬具。第二期葬具出现套罐，并作为专用葬具使用，外罐底部多使用器座，部分内罐有朱书梵文经咒。第三期葬具以施釉和陶质的非专用葬具单罐为特点，作为专用葬具的套罐数量减少，青花瓷罐的图案简化。

蒙自瓦渣地墓地墓葬形制有圆形、椭圆形、长方形和方形竖穴土坑墓四类，墓葬形制更为丰富。大部分为单罐葬，仅有1座双罐合葬墓。木质葬具是该墓地较为特殊的一种葬俗，属云南火葬墓地中首次发现。瓷质葬具中的青花瓷罐和青釉瓷罐为主流葬具，具有明显的地方特色。随葬品方面，亦以瓷器为主，且多出土于土葬墓中；除瓷器外，还有少量的金属器和陶器。墓地出土青花瓷器的纹饰特征与景德镇明代青花瓷有许多相似之处。葬具和烧骨上均未发现朱书梵文经咒。

元阳六蓬墓地火葬墓形制有石坑和土坑火葬墓两类，墓葬形制较为特殊。葬具以似釜形的印纹陶罐和青釉的重沿罐、单耳罐、直口罐为主，亦具有鲜明的地方特点。随葬品方面，以瓷器为大宗，还有少量的金属器和陶器。该墓地的墓葬均为单罐葬，无套罐葬。随葬品被摔坏后置于葬具旁随葬，完整器很少。随葬品均为死者生前的生活用品。葬具和烧骨上均无朱书梵文经咒。根据该墓地反映的葬俗特点，再结合文献记载，推断该墓地墓主为明清时期的傣族。

与上述墓地相较，苏家坡墓地所表现出来的区域性特点鲜明。就墓葬形制而言，除了传统的圆形、椭圆形、长方形和方形竖穴土坑墓，单人单罐葬和双人双罐葬外，第三期新出现的多人合葬的葬俗在上述墓地及其他区域极为罕见。多人合葬为二次葬的家族合葬墓，在苏家坡墓地有较多发现。就葬具而言，苏家坡墓地陶罐多为专用葬具，外罐底部不使用器座。葬具上常见朱书梵文经咒。以A、D、I等型为代表的陶外罐和侈口A、C型、敛口A型、直口A型陶内罐的组合，反映了苏家坡墓地元代的葬具风格。以K、N、O、Q、R等型为代表的陶外罐，以及侈口B、C型，敛口A、

---

[1] 云南省文物考古研究所等：《云南元阳六蓬墓地发掘报告》，文物出版社，2012年。

B型、直口A、B型陶内罐和C型青釉瓷罐的组合,特别是陶内罐的彩绘装饰图案,反映出苏家坡墓地明代葬具的区域性特色。明代晚期的U、V、W型陶外罐组合在上述墓地及滇南其他区域亦较为少见。明代中晚期出现的青花瓷罐亦具有独特的地方特点。就随葬品而言,苏家坡墓地出土随葬品的种类及数量都相对丰富,以小件金属器、陶器、料珠、料管、玛瑙珠、海贝等为主要特色,而非以大量瓷器作为随葬品。

综上所述,与其他墓地相较,苏家坡墓地在葬俗方面与之相近,而葬具和随葬品方面具有一定的差异,体现出鲜明的区域性特点。苏家坡墓地是滇南地区火葬墓的典型代表,是研究云南元明时期墓葬制度、风俗习惯及宗教思想的重要资料。

四、青花瓷相关问题探讨

(一)青花瓷罐的产地

建水窑遗址位于建水县城北郊碗窑村,分布在碗窑村北部后山坡1平方公里的范围内。现存旧窑、湖广窑、潘家窑、洪家窑、湖广窑五个瓷片堆积区,目前已发现20多座古窑址,占地4 000多平方米。相传宋代碗窑村已开始烧造瓷器。

建水窑是云南地区烧制时间最长、规模最大、影响最广的青花窑址,"建水窑烧造青花比玉溪窑早,延续时间长,规模大,形制丰富,传播地区广,玉溪窑青花仅在附近发现。所以建水窑应是滇南以至滇中青花的发源地"[1]。

碗窑村圆通寺内清康熙四十一年(公元1702年)的《奉本府清军明文告示》碑文载:"碗窑名虽一窑,内分上下,烧造器皿,各不相同。上窑烧造者缸、盆、瓶、瓮;下窑烧造者碗、碟、盅、盘。"由于窑业的兴旺发达,加之兼烧陶器,碗窑村遂发展为上、下、中三窑,成为滇南陶瓷生产的重要基地。

苏家坡墓地位于碗窑村东南,离建水窑遗址非常近,直线距离仅1.5公里。建水窑遗址自20世纪发现以来,众多专家学者多次前往调查,采集到许多代表性瓷片,其中有部分瓷片属于青釉青花瓷罐,和苏家坡墓地出土的青花瓷罐十分相似。在苏家坡墓地发掘和整理期间,我们先后几次去建水窑遗址调查,采集到少量青花瓷罐残片,其胎质、釉色、纹饰风格等均和苏家坡墓地所出者颇为相似。综上所述,苏家坡墓地出土的青花瓷罐当属于建水窑的产品。

(二)青花瓷罐的器形和纹饰特征

苏家坡墓地出土青花瓷罐的造型和景德镇等地生产的将军罐相似,明显是受其影响的结果。青花瓷罐大致可分三类,第一种类型即A型青花瓷罐,器身矮胖,宽口,以青瓷钵倒扣为盖,部分有配套蛇钮、狮钮荷叶形罐盖,纹饰繁密,年代在明代中期。第二种类型即B型青花瓷罐,器身略变高,带宝珠钮圆形罐盖,纹饰不如A型繁密,画风相对简略,但图案层次较多,年代当在明代中期偏晚。第三种类型即C、D型青花瓷罐,器身更加修长,带宝珠钮圆形罐盖或无盖,纹饰简略写

---

[1] 葛季芳:《云南青花的起源和传播》,《中国古陶瓷研究》第6期,紫禁城出版社,2000年。

意,胫足处仰莲瓣纹更加潦草,年代当在明代晚期。

苏家坡墓地出土青花瓷罐纹饰较为丰富,常见的主题纹饰有:仕女图、高士人物图案;狮子滚绣球、凤穿花、鱼藻纹等动物图案;缠枝或折枝菊花、牡丹花等花卉纹;常见的边饰或装饰图案有蕉叶纹、水波纹、云纹、回纹。

(三)青花瓷罐的年代特征

苏家坡墓地出土青花瓷罐的年代和建水窑烧制青花的年代大体对应。建水窑遗址于2020年首次开展科学的考古发掘工作,具体创烧年代暂不确定[1]。根据陶瓷专家的研究判定,云南青花瓷器最早应在元代晚期出现,明代早中期达到繁盛,明代晚期走向衰落[2]。

苏家坡墓地出土青花瓷罐大致可分为明中期、明中期偏晚和明晚期三个阶段。三个阶段的演变规律较为清晰,造型方面,器身的重心从下往上移动,从矮胖到微胖再到修长,纹饰从繁密到简约再到粗率,大体上和同时期的景德镇将军罐的演变规律一致。

苏家坡墓地出土的青花瓷罐,主要作为专用葬具使用。元明时期,云南仍盛行火葬,葬具一般为粗陶器,使用青花瓷罐作为葬具的墓葬较少。泸西和尚塔墓地,共清理火葬墓201座,出土青花葬具19件;蒙自瓦渣地墓地,共清理墓葬93座,出土青花葬具29件;苏家坡墓地清理墓葬226座,其中仅有9座使用青花瓷罐作为葬具,另外还采集到4件青花瓷罐。可以推断,排除年代差别,同时期的墓葬,使用青花葬具的墓葬规格可能更高一些。

---

[1] 建水窑遗址于2020年7月至9月首次开展考古发掘工作,发掘面积500平方米,发掘资料正在整理中,尚未公布。
[2] 杨大申:《关于禄丰县元墓出土青花瓶的一点看法》,《考古》1982年第4期。

附表一 典型火葬墓葬具组合及演变

段	火葬墓	陶外罐	青釉瓷瓮	青花瓷罐
1	HZM190 HZM220	Aa Aa		
2	HZM221	Ab		
3	HZM207 HZM223 HZM217 HZM103	Da Da Db Dc		
4	HZM176 HZM102 HZM181	Ia Ib Ic		
5	HZM141 HZM218	Ka Kb		
6	HZM179 HZM209 HZM183	Na Nb Nc		
7	HZM208 HZM195 HZM125 HZM28	Oa Oc Oc Oc		
8	HZM53 HZM58 HZM133 HZM173 HZM61	Qa Qa Qa Qa Qb		
9	HZM56 HZM62 HZM14 HZM106 HZM108	Ra Ra Ra		Aa Aa
10	HZM87 HZM12 HZM8 HZM40	U V W	A	

附表二 火葬墓葬具分期表

期	段	陶 外 罐			青釉瓷瓷	青花瓷罐
一	1	Aa				
	2	Ab Ac Ba Bb Ca Cb				
二	3	Da Db Dc E F Ga Gb Gc Ha Hb				
	4	Ia Ib Ic Ja Jb				
三	5		Ka Kb Kc L M			
	6		Na Nb Nc			
四	7			Oa Ob Oc P		
	8			Qa Qb		
	9			Ra Rb S T		Aa
五	10			U V W	A	

附表三

火葬墓登记表

墓号	尺寸		开口层位	葬具		随葬品	期别	备注
	深(米)	口径/边长/长径×短径(米)		外罐	内罐			
HZM1	0.3	0.38×0.36	①	P	?	无	四	
HZM2	0.3	0.4×0.38	①	Ob	直口Ab	无	四	
HZM3	0.1	0.36×0.34	①	?	?	无	五	
HZM4	0.2	0.42×0.4	①	U	?	料珠1	五	
HZM5	0.1	0.5×0.45	①	U	?	铜片1、料珠2	五	
HZM6	0.15	0.42	①	S	?	铜镯2、料珠2	四	
HZM7	0.06	0.2	①	S	?	无	四	
HZM8	0.21	0.47	①	W	直口Ab	无	五	
HZM9	0.33	0.8×0.6	①	W2	直口Aa2	铜法轮1、铜片3、料珠4	五	合葬
HZM10	0.15	0.4	①	W	直口Aa	无	五	
HZM11	0.22	0.53	①	Qa	侈口Aa	无	四	
HZM12	0.34	0.45	①	V	侈口Cb	无	五	
HZM13	0.28	0.38	①	S	敛口Bb	铜片4	四	
HZM14	0.3	0.4	①	Ra	敛口Bb	铜法轮1、铜片2	四	
HZM15	0.46	0.8×0.55	①	青釉瓷Aa2	青釉瓷C2	铜片10、料珠1、海贝7	五	合葬
HZM16	0.16	0.43	①	无	无	无	五	
HZM17	0.31～0.43	0.47	①	Rb	敛口Bb	铜片4、玛瑙珠1	四	
HZM18	0.3	0.46	①	青花瓷Ab、青釉瓷钵B	无	铜片2	四	
HZM19	0.26	0.38	①	Ab	?	无	一	
HZM20	0.36	0.4	①	Ac	敛口Aa	料珠1	一	
HZM21	0.44	0.43	①	青釉瓷Ab	青釉瓷C	铜片4、玛瑙珠1、海贝5	五	

续表

墓号	尺寸 深(米)	尺寸 口径/边长/长径×短径(米)	开口层位	葬具 外罐	葬具 内罐	随葬品	期别	备注
HZM22	0.24	0.6×0.5	①	Aa	侈口Ac	铜片2、料珠3、料管1、玉石1	一	
HZM23	0.25	0.44×0.4	①	?	?	无	一	
HZM24	0.36	0.56×0.51	①	Ac	?	无	一	
HZM25	0.33	0.48×0.46	②	Bb	侈口Aa	无	一	
HZM26	0.48	0.5×0.46	②	Bb	侈口Aa	无	一	
HZM27	0.25	0.61×0.53	①	Oc	?	铜法轮1、铜片1	四	
HZM28	0.34	0.52×0.5	①	Ob	敛口Ad	铜片3	四	
HZM29	0.25	0.36	①	Qa	?	铜片2、料珠1	四	
HZM30	0.18	0.61×0.28	①	Na2	?	无	三	合葬
HZM31	0.16	0.41	①	NC	?	铜镯1、料珠4	三	
HZM32	0.16	0.42	①	?	?	无	四	
HZM33	0.52	0.5	②	Hb	?	无	二	
HZM34	0.25	0.5	①	青釉瓷Ab	?	无	五	
HZM35	0.3	0.36	①	S	?	无	四	
HZM36	0.4	0.38	①	Ra	?	无	四	
HZM37	0.18	0.39	①	V	侈口Cc	铜法轮1、铜片4	五	
HZM38	0.24	0.33	①	Ra	?	无	四	
HZM39	0.24	0.6×0.4	①	Ra	侈口Cc	无	四	
HZM40	0.4	0.54	①	青釉瓷瓮A、青釉瓷钵B	无	无	五	
HZM41	0.2	0.4	①	S	?	铜片3	四	
HZM42	0.33	0.4	①	T	侈口Cc	无	四	
HZM43	0.26	0.4	①	Rb	敛口Bb	铜镯1、铜法轮1、铜片3、松香1	四	

附表

续表

墓号	尺寸		开口层位	葬具		随葬品	期别	备注
	深（米）	口径/边长/长径×短径（米）		外罐	内罐			
HZM44	0.43	0.5	②	Bb	直口Aa	无	一	
HZM45	0.31	0.44	①	Rb	?	铜法轮4、铜片2	四	
HZM46	0.3	0.5	①	Qa	敛口Bb	铜法轮1、铜片3	四	
HZM47	0.21	0.45	①	Rb	直口Bb	铜镯1、铜耳环1、铜法轮2、铜片3	四	
HZM48	0.25	0.48	①	Rb	敛口Bb	铜片3	四	
HZM49	0.3	0.44	①	Rb	敛口Bb	铜法轮1、铜片3、玛瑙珠1	四	
HZM50	0.2	0.44	①	Qa	直口Bb	铜片4	四	
HZM51	0.35	0.49	①	Rb	直口Aa	铜法轮1、铜耳环1、铜片5、玛瑙珠1	四	
HZM52	0.32	0.44	①	Na	直口Bb	陶龟1	三	
HZM53	0.33	0.45	①	Qa	直口Ba	陶龟1、铜片3、玛瑙珠1、松香2	四	
HZM54	0.39	0.66×0.44	①	T2	敛口Bb侈口Bc	陶龟1、铜法轮1、铜片3	四	合葬
HZM55	0.13~0.24	0.74×0.4	①	T	敛口Ba	铜片2、铁片1	四	
HZM56	0.38	0.4×0.38	①	青花瓷Aa、青釉瓷钵B	无	铜片1、银片3、海贝10	四	
HZM57	0.32	0.52×0.48	①	Jb	?	无	二	
HZM58	0.35	0.4	①	Qa	侈口Cc	陶龟1、铜法轮1、铜片3	四	
HZM59	0.3	0.4	①	Nb	?	无	三	
HZM60	0.25	0.72×0.4	①	Ra2	侈口Cc?	铜法轮1、铜片3、料珠3	四	合葬
HZM61	0.25~0.32	1.4×0.9	①	Qa4、Qb5、Ra	敛口Bb3、侈口Cc4?	陶龟1、铜法轮25、铜片30、玛瑙珠1、料管2	四	合葬

续表

墓号	尺寸		开口层位	葬具		随葬品	期别	备注
	深(米)	口径/边长/长径×短径(米)		外罐	内罐			
HZM62	0.4	0.54	①	青花瓷Ac	无	铜片3	四	
HZM63	0.25	0.42	②	Na	?	无	三	
HZM64	0.3	0.45	②	Nc	侈口Ab	无	三	
HZM65	0.68	0.5	①	青釉瓷Ab	青釉瓷C	陶龟1、铜片3、玛瑙珠1	五	
HZM66	0.73	0.46	①	青花瓷Aa	无	无	四	
HZM67	0.7	0.14	①	T	侈口Cc	陶龟1、铜法轮1、铜片3、玛瑙珠1	四	
HZM68	0.4	0.58	①	青花瓷Aa	无	无	四	
HZM69	0.4	0.5	①	青釉瓷B、青釉瓷钵A、青釉瓷钵B	青釉瓷C	陶龟1、铜片4	五	
HZM70	0.42	0.36	①	?	?	无	五	
HZM71	0.65	0.66×0.5	①	Oc、Qa	?	铜片1	四	合葬
HZM72	0.2	0.52	①	V	?	铜片1	五	
HZM73	0.15	0.4	①	Rb	?	陶钵1、铜片1	四	
HZM74	0.65	0.48×0.4	①	Ra	敛口Bb	铜法轮1、铜片3、料珠1	四	
HZM75	0.32	0.4	①	Qb	侈口Cc	铁片2	四	
HZM76	0.27	0.44×0.41	①	Kb	?	陶龟1、铜耳环1、铜法轮1、铜片3、玛瑙珠1、料珠1、料管1	三	
HZM77	0.49	0.53×0.42	①	Kc	?	铜耳环1、铜片2	三	
HZM78	0.4	0.52×0.5	①	青花瓷B	无	无	四	
HZM79	0.4	0.5×0.46	①	E	侈口Ca	无	二	
HZM80	0.1	0.35×0.3	①	Gc	侈口Ab	无	二	
HZM81	0.35	0.45×0.4	①	Gc	直口Ab	无	二	
HZM82	0.76	0.4	①	Kc	侈口Aa	无	三	

续表

墓号	尺寸		开口层位	葬具		随葬品	期别	备注
	深(米)	口径/边长/长径×短径(米)		外罐	内罐			
HZM83	0.15	0.35	①	Kb	侈口Ca	无	三	
HZM84	0.2	0.41	①	Nb	直口Ac	铜片1	三	
HZM85	0.08	0.3	①	Qb	?	无	四	
HZM86	0.65	0.55×0.4	①	Qa	侈口Cb	铜片2	四	
HZM87	0.72	0.5	①	U	侈口Aa	铜片2	五	
HZM88	0.34	0.37	①	Dc	?	无	二	
HZM89	0.75	0.4	①	Jc	侈口Ca	陶龟1、铜法轮1、铜片3	二	
HZM90	0.3	0.44	①	Ga	侈口Ac	铜片1、玛瑙珠1、料管1、药材1	二	
HZM91	0.25	0.5×0.45	①	青釉瓷Ab	?	海贝18	五	
HZM92	0.26	0.5×0.46	①	青花瓷C	无	海贝15	五	
HZM93	0.23	0.5×0.42	①	青釉瓷Ab	青釉瓷C	铜片4、料管2	五	
HZM94	0.1	0.42	①	?	?	铜片1	四	
TZM95	0.35~0.47	0.97×(0.35~0.5)	①	无	无	无	五	土葬
HZM96	0.4	0.48	②	Cb	敛口Ba	陶龟1、铜片3	一	
HZM97	0.18	0.3	②	Ra	?	无	四	
HZM98	0.25	0.38	②	?	敛口Bb	玛瑙珠1	五	
HZM99	0.45	0.4×0.38	②	Cb	敛口Bb	陶龟1、海贝16	一	
HZM100	0.23	0.24	①	Ab	敛口Ac	铜片1、料管1	一	
HZM101	0.24	0.26	①	?	敛口Ab	无	四	
HZM102	0.23	0.48	①	Ib	?	铜耳环2	二	
HZM103	0.26	0.24	①	Dc	侈口Bc	铜片3	二	
HZM104	0.35	0.5	①	Kb	敛口Ab	铜法轮1、铜片1	三	
HZM105	0.31	0.5×0.4	①	Kb	敛口Ac	铜法轮1、铜片1、料珠1、料管1	三	
HZM106	0.25	0.4	①	Ra	敛口Bb	铜片3	四	

续表

墓号	尺寸 深(米)	尺寸 口径/边长/长径×短径(米)	开口层位	葬具 外罐	葬具 内罐	随葬品	期别	备注
HZM107	0.32	0.38×0.36	①	Cb	直口Ba	铜耳环1、铜片1	一	
HZM108	0.34	0.56×0.5	①	Ra	侈口Bc	陶龟1、铜片2、铜帽2	四	
HZM109	0.18	0.4	①	Rb	侈口Ab	铜片1	四	
HZM110	0.25	0.4	①	Rb	?	无	四	
HZM111	0.2	0.42	①	W	敛口Bb	陶龟1、铜法轮1、铜片1、玛瑙珠1、料片5	五	
HZM112	0.35	0.46×0.4	①	T	敛口Bb	陶龟1、铜片4、海贝2、料珠1	四	
HZM113	0.21	0.44	①	U	侈口Cc	陶龟1、铜法轮1、铜片1、玛瑙珠1、料片2	五	
HZM114	0.35	0.38	①	Rb	敛口Bb	铜法轮1、铜片2、玛瑙珠1	四	
HZM115	0.25	0.4	①	青花瓷Aa	无	铜片1、银片3	四	
HZM116	0.23	0.24	①	Ob	侈口Ab	铜片3、铁片1、料珠1、料管1	四	
HZM117	0.17	0.56×0.46	①	Qb2	敛口Bb2	铜法轮2、铜片2	四	合葬
HZM118	0.25	0.52×0.46	①	青釉瓷Ab	?	铜片2	五	
HZM119	0.2	0.55×0.4	①	Nb	?	无	三	
HZM120	0.35	0.4	②	Nb	敛口Ad	铜片3、玛瑙珠1	三	
HZM121	0.4	0.46×0.4	①	Rb	侈口Cb	铜法轮1、铜片3	四	
HZM122	0.21	0.36	①	Qb	侈口Cc	铜法轮1、铜片3、玛瑙珠1	四	
HZM123	0.2~0.3	0.6×0.4	①	Qb2	侈口Bc、侈口Ca	铜法轮3、铜5、铁片1	四	合葬
HZM124	0.15	0.34	①	Qb	?	无	四	
HZM125	0.22	0.42	①	Ob	敛口Ac	铜片1、料珠1、料管1	四	

续表

墓号	尺寸 深(米)	尺寸 口径/边长/长径×短径(米)	开口层位	葬具 外罐	葬具 内罐	随葬品	期别	备注
HZM126	0.17	0.81	①	Qa3	?	铜片1	四	合葬
HZM127	0.22	0.6×0.55	①	S2	侈口Cb	铜法轮1、铜片3	四	合葬
HZM128	0.38	0.85×0.56	①	Dc2、Ib、Kb	侈口Bb、侈口Ca3	铜法轮2、铜片4、铁片1、玛瑙珠4、玉石1	三	合葬
HZM129	0.26	0.52×0.47	②	无	直口Ac、敛口Ab	铜片2	四	合葬
HZM130	0.15	0.3	①	Qa	?	无	四	
HZM131	0.76	0.4	①	P	?	无	四	
HZM132	0.2	0.4	①	Qa	?	无	四	
HZM133	0.16	0.42	①	Qa	?	无	四	
HZM134	0.37	0.42	①	Ja	直口Ba	铜法轮1、铜片2	二	
HZM135	0.18	0.44	①	Ra	直口Bb	铜片2、玛瑙珠1、料珠1	四	
HZM136	0.2	0.44	①	Ra	侈口Cc	铜片4、玛瑙珠1	四	
HZM137	0.25	0.36×0.32	①	Ra	敛口Bb	铜法轮1、铜片1	四	
HZM138	0.25	0.35	①	V	?	无	五	
HZM139	0.28	0.42×0.38	①	Qa	?	铜片1	四	
HZM140	0.25	0.38	①	Kb	敛口Bb	铜片1	三	
HZM141	0.35	0.9×0.72	①	Ka5	侈口Bc5	铜耳环2、铜法轮1、铜片7	三	合葬
HZM142	0.3	0.45×0.43	①	Nc	直口Aa	铜片2、料管1	三	
HZM143	0.25	0.38	①	Oa	侈口Ab	铜片3、料珠1、料管1	四	
HZM144	0.33	0.47	①	Oa	侈口Aa	铜片2、料珠2	四	
HZM145	0.37	0.39	①	Aa	侈口Aa	铜片3、玛瑙珠1、料珠5、料管1	一	
HZM146	0.36	0.44	①	Ab	直口Aa	无	一	
HZM147	0.35	0.4	①	青釉瓷Ab	青釉瓷C	铜片4、棺钉1、玛瑙珠1、海贝22	五	

续表

墓号	尺寸		开口层位	葬具		随葬品	期别	备注
	深(米)	口径/边长/长径×短径(米)		外罐	内罐			
HZM148	0.3	0.45	①	Oa	直口Aa	铜法轮1、铜片2、料珠1	四	
HZM149	0.25	0.38	①	Ja	侈口Ca	铜片2、料珠1	二	
HZM150	0.25	0.7×0.4	①	Ob2	直口Ba2	铜片2、料珠2、料管1	四	合葬
HZM151	0.1	0.43	①	Qa	?	无	四	
HZM152	0.3	0.38	①	Qa	?	铜片2	四	
HZM153	0.15	0.35	①	?	?	无	五	
HZM154	0.25~0.3	0.58×0.34	①	Jb2	侈口Ca2	铜镊子1、铜法轮1、铜片3	二	合葬
HZM155	0.31~0.4	0.65×0.42	①	Da、Qa	侈口Bb2	铜耳环1、铜法轮1、铜片6	四	合葬
HZM156	0.4	0.5×0.48	①	W	?	无	五	
HZM157	0.3	0.5×0.46	①	F	侈口Cc	铜法轮1、铜片3、海贝1	二	
HZM158	0.25	0.45×0.36	①	Qa	侈口Cc	无	四	
HZM159	0.25	0.4	①	Qa	侈口Cc	无	四	
HZM160	0.4	0.5	①	青釉瓷Aa	青釉瓷C	铜片3	五	
HZM161	0.3	0.5	①	Ib	侈口Ba	铜法轮1、铜片3	二	
HZM162	0.36	0.44	①	Da	侈口Ba	铜法轮1、铜片1、料珠1	二	
HZM163	0.41	0.48	①	Cb	敛口Bb	陶龟1、铜法轮1、铜片1、铁片1	一	
HZM164	0.3	0.5	①	Ib	敛口Ac	铜镊子2、铜片1、崇宁重宝1	二	
HZM165	0.2	0.66×0.46	①	Kb2	敛口Aa2	铜片1、料珠1	三	合葬
HZM166	0.27	0.68×0.48	①	Ab、Ja	直口Ba2	铜耳环1、铜法轮1、铜片4	二	合葬
HZM167	0.48	0.87×0.52	①	Ba、Kb	直口Ad2	铜镯1、铜帽4	三	合葬
HZM168	0.42	0.5	①	Da	侈口Ab	铜片1	二	

续表

墓号	尺寸		开口层位	葬具		随葬品	期别	备注
	深(米)	口径/边长/长径×短径(米)		外罐	内罐			
HZM169	0.18	0.4	①	青花瓷Aa	无	铜片1	四	
HZM170	0.3	1.2×(0.44～0.5)	①	Nc4	侈口Ab2、直口Ab2	铜镯1、铜法轮1、铜片4、料珠1	三	合葬
HZM171	0.22	0.44	①	Kb	侈口Ab	铜片1	三	
HZM172	0.43	0.39	①	Da	直口Ad	铜镯1、铜片2、玛瑙珠1、料管1	二	
HZM173	0.32	0.46×0.42	①	Qa	侈口Cc	铜片3、棺钉22、玛瑙珠1	四	
HZM174	0.47	0.84×0.38	①	Ga、Ka、Kb	侈口Bb2、敛口Ac	铜镯1、铜镊子1、铜法轮1、铜片7、药材1	三	合葬
HZM175	0.35	0.5	①	L	直口Ae	皇宋通宝1	三	
HZM176	0.35	0.71×0.31	①	Ia2	直口Ab、敛口Aa	料珠1	二	合葬
HZM177	0.44	0.44	①	Da	侈口Aa	铜法轮1、铜片1、料珠1	二	
HZM178	0.38	0.66×0.56	①	Cb、Da	敛口Aa2	铜镯1、铜片1、药材2	二	合葬
HZM179	0.42	1×0.6	①	F、Ka、Na、Nc	侈口Ca2、直口Ba2	铜片5、松子9、稻谷8、药材1	三	合葬
HZM180	0.4	0.44	①	Qa	?	铜镯1、铜片1、料珠5、料管1	四	
HZM181	0.29	0.9×0.69	①	Ic2、Ka3	?	无	四	合葬
HZM182	0.21	0.44×0.37	①	M	侈口Aa	铜片2	三	
HZM183	0.54	0.66×0.48	①	Na、Nc	直口Ad2	铜片2	三	合葬
HZM184	0.35	0.25	①	Oa	侈口Aa	铜片2、崇宁重宝1、料管1	四	
HZM185	0.23	0.83×0.52	①	Da、Kb	侈口Bb、敛口Aa	铜镊子1、铜法轮1、铜片2、料珠1、药材1	三	合葬
HZM186	0.32	0.7×0.4	②	Qa2	直口Ab2	无	四	合葬

续表

墓号	尺寸		开口层位	葬具		随葬品	期别	备注
	深(米)	口径/边长/长径×短径(米)		外罐	内罐			
HZM187	0.4	0.5×0.4	①	Ic	直口Ab	无	二	
HZM188	0.4	0.5×0.46	①	Oa	敛口Ba	铜镯1、铜法轮1、铜片2	四	
HZM189	0.3	0.36×0.34	①	Oa	?	铜镯1、铜法轮1、铜片3、料珠1	四	
HZM190	0.36	0.46	①	Aa	侈口Aa	铜镊子1、铜法轮1、铜片3、银片1、料珠1、料管2	一	
HZM191	0.37	0.54×0.5	②	Ga	直口Ac	铜片1、料珠1、料管1	二	
HZM192	0.28	0.64×0.57	②	Gb、Nc2	直口Ab2、直口Ad	无	三	合葬
HZM193	0.25	0.59×0.32	②	Nc2	敛口Aa2	无	三	合葬
HZM194	0.42	0.8×0.6	②	Ha2	直口Ad2	铜耳环2、铜片2、玛瑙珠3、料管3	二	合葬
HZM195	0.35	0.4	①	Oc	敛口Aa	铜片1、料珠2	四	
HZM196	0.3	0.69×0.55	②	Db2	敛口Ad2	铜片1	二	合葬
HZM197	0.3	0.76×0.52	②	Ab、Ka	侈口Ab2	铜片2、铁片1、料珠1、料管1	三	合葬
HZM198	0.3	0.44	①	Kb	?	铜片3	三	
HZM199	0.34	0.59×0.4	②	Kb2	直口Ba2	铜片1	三	合葬
HZM200	0.35	0.44×0.42	①	Oa	直口Ad	铜镯1	三	
HZM201	0.26	0.55×0.53	①	Ob	?	无	四	
HZM202	0.3	0.5	①	Ac	直口Aa	铜耳环1、铜片3、料珠1	一	
HZM203	0.25	0.42	②	E	直口Aa	无	二	
HZM204	0.35	0.44	②	E	侈口Aa	料珠3、料管1	二	
HZM205	0.29	0.48	②	Da	直口Aa	无	二	

续表

墓号	尺寸		开口层位	葬具		随葬品	期别	备注
	深(米)	口径/边长/长径×短径(米)		外罐	内罐			
HZM206	0.27	0.32	②	Da	直口Aa	铜片1	二	
HZM207	0.3	0.74×0.55	②	Da3	直口Aa、侈口Aa2	铜镯1、铜片1、料珠1、药材1	二	合葬
HZM208	0.3	0.48	①	Oa	敛口Ab	铜片1	四	
HZM209	0.3~0.4	1.05×0.4	①	Nb、Nc2、P	侈口Ca、敛口Aa3	铜片1	四	合葬
HZM210	0.32	0.48	①	Ra	敛口Ba	铜法轮、铜片1	四	
HZM211	0.35	0.74×0.5	①	Da2	直口Ab、敛口Aa	铜片3、料珠2	二	合葬
HZM212	0.46	0.7×0.36	②	Nc2	直口Ab、敛口Aa	铜镯1、铜法轮1、铜片1、料珠1、料管1	三	合葬
HZM213	0.35	0.44	②	Da	?	铜镯1、铜法轮1	二	
HZM214	0.35	1.94×0.54	①	Da、Ia、Kc、Nc4	敛口Aa4、直口Ab3	铜镯1、铜法轮1、铜片2、料珠2、料管1	三	合葬
HZM215	0.3	1.14×0.7	②	Ka、Na2、P2	侈口Ca、敛口Ba4	铜片4、铜帽2、玛瑙珠1、松子3、药材2	四	合葬
HZM216	0.4	0.5	②	Ab	侈口Aa	铜片3、料珠1、料管1	一	
HZM217	0.32	0.72×0.67	②	Db3	直口Aa3	铜镯1、铜法轮1、铜片1	二	合葬
HZM218	0.36	0.42	①	Dc	侈口Aa	铜镯1、铜片1、料珠1	二	
HZM219	0.32	0.49	①	Ba	直口Ac	铜镯1、料珠1	一	
HZM220	0.38	0.56	②	Aa	侈口Aa	铜法轮1、铜片1	一	
HZM221	0.29	0.85×0.56	②	Ab2	直口Aa2	铜片1	一	合葬
HZM222	0.27	0.43	①	Ab	敛口Aa	料珠2	一	
HZM223	0.35	0.5	①	Da	直口Ad	铜片1、天禧通宝1、料珠2、云母片7	二	

续表

墓号	尺 寸		开口层位	葬 具		随 葬 品	期别	备注
	深（米）	口径/边长/长径×短径（米）		外　罐	内　罐			
HZM224	0.5	0.4	①	Ca	敛口Bb	铜片3	一	
HZM225	0.22	0.5	①	Ab	直口Aa	铜片2、料珠2	一	
HZM226	0.35	0.5	①	青花瓷C	无	釉陶罐2、釉陶瓶2、釉陶杯1	五	

说明：1.表中？表示葬具型式不明；2.器物名称后的阿拉伯数字代表数量；3.葬具若无特殊说明，均指陶罐。

后　　记

　　苏家坡墓地发掘资料的室内整理、研究工作，始于2014年3月，在建水县文物管理所展开。历时三月，完成出土文物的清洗、拼对、粘接、修补及绘图、摄影等工作。其后，陆续开展出土文物的分类分型研究和资料、实物的核对工作，并完成对比研究、报告框架的构建和初稿部分章节的编撰。近年来，田野考古工作过于繁忙，致使报告的编写几度搁置，终于在2020年腾出时间，编撰完成，实乃幸事。

　　在资料的整理研究及书稿编写过程中，得到云南省文物局、云南省文物考古研究所、红河哈尼族彝族自治州文化和旅游局、红河哈尼族彝族自治州文物管理所、红河哈尼族彝族自治州博物馆、建水县文化和旅游局、建水县文物管理所和建水县博物馆等单位的大力支持。在发掘及整理过程中，得到熊正益、杨德聪、刘旭、闵锐、戴宗品等先生的指导和帮助。

　　本报告由康利宏主持编写，各章作者如下：

　　第一章，康利宏、朱云生执笔。

　　第二章，徐怀立、马莉、李红艳、康利宏执笔。

　　第三章，康利宏执笔。

　　第四章，康利宏、朱云生执笔。

　　报告初稿编写完成后，由康利宏负责图文审校、修订及最终的统稿工作。报告绘描图由刘春城、董昀昊完成；插图制作由刘春城完成；后期部分插图的修改由黄颖完成；器物摄影由李堃肆完成；彩版制作由马明育完成。

　　感谢上海古籍出版社的编辑宋佳为报告出版付出的辛勤劳动，使得本报告能够在较短的时间内顺利出版。

　　感谢参加建水苏家坡墓地发掘及资料整理的全体工作人员！

　　在报告即将付梓之际，谨向上述单位及个人表示衷心的感谢！

　　在编写过程中，虽多方请教、查阅资料，但限于编者的水平和认知方面的浅薄与不足，难免存在纰漏和错误，敬请专家学者指正。

编　者

2021年5月

1. 墓地远景

2. 发掘场景

墓地远景和发掘场景

彩版二

1. 工作场景

2. 部分参加发掘人员

工作场景和发掘人员

彩版三

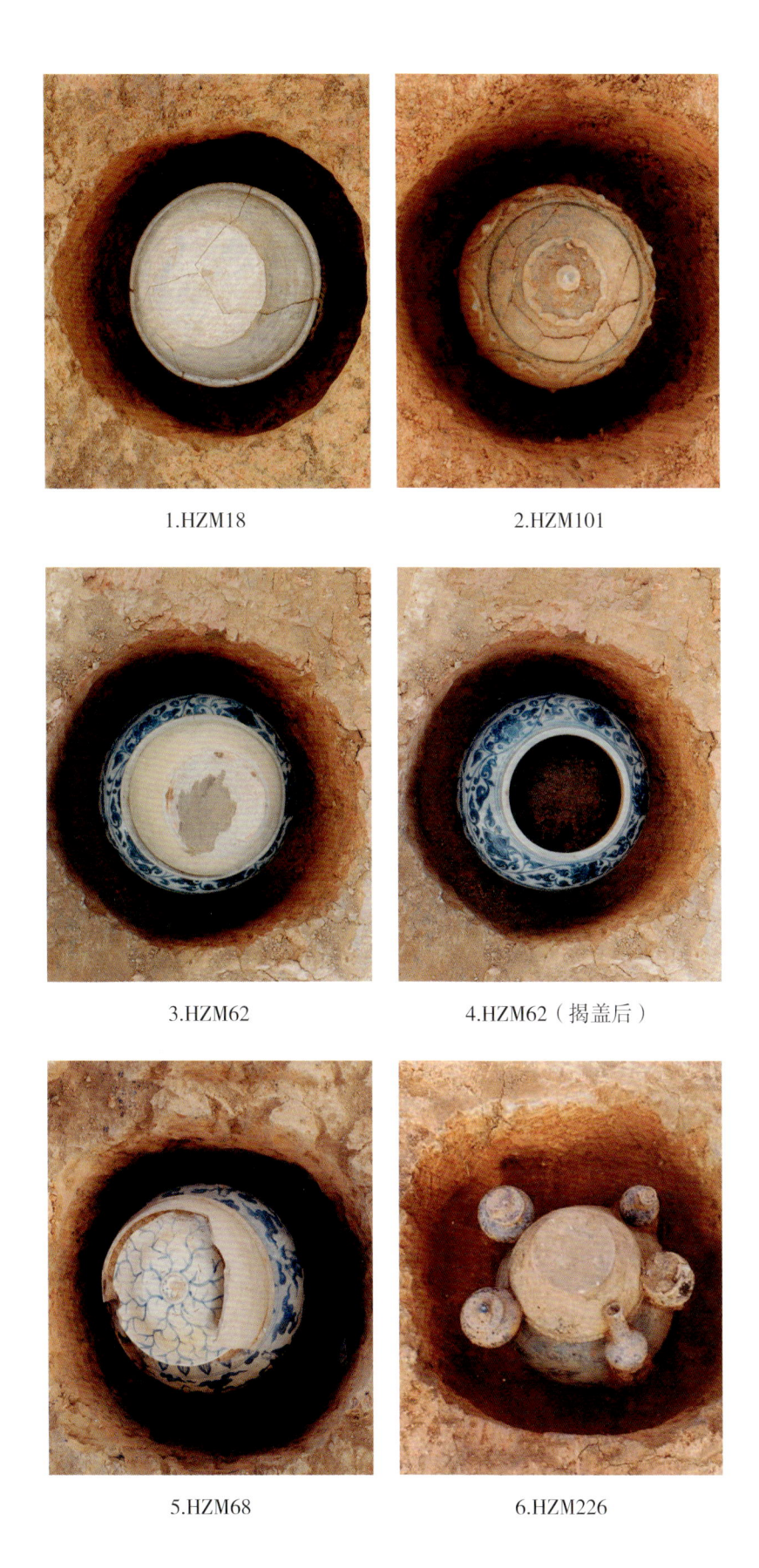

1. HZM18

2. HZM101

3. HZM62

4. HZM62（揭盖后）

5. HZM68

6. HZM226

单人葬（单罐葬）

彩版四

1. HZM12

2. HZM44

3. HZM21

4. HZM21（揭盖后）

5. HZM65

6. HZM99

7. HZM107

8. HZM120

单人葬（双罐葬）（一）

彩版五

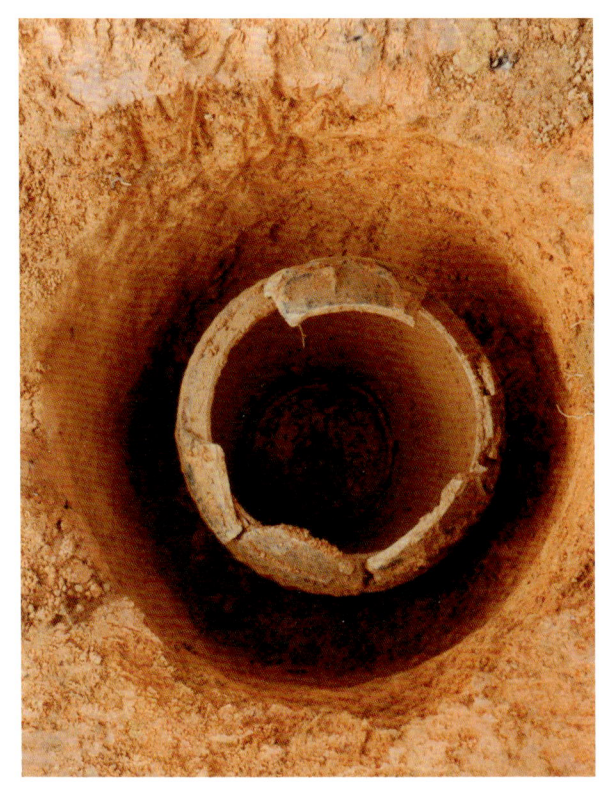

1. HZM33

2. HZM69

3. HZM75

4. HZM90

单人葬（双罐葬）（二）

彩版六

1. HZM145

2. HZM175

3. HZM220

4. HZM224

单人葬（双罐葬）（三）

彩版七

1. HZM9

2. HZM54

3. HZM155

4. HZM176

5. HZM129

6. HZM194

双人合葬

彩版八

1. HZM170

2. HZM214

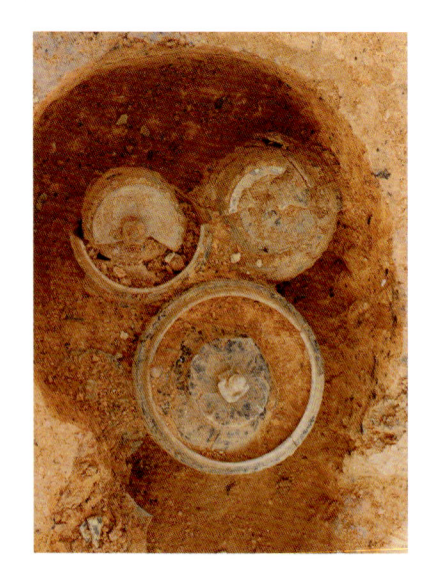

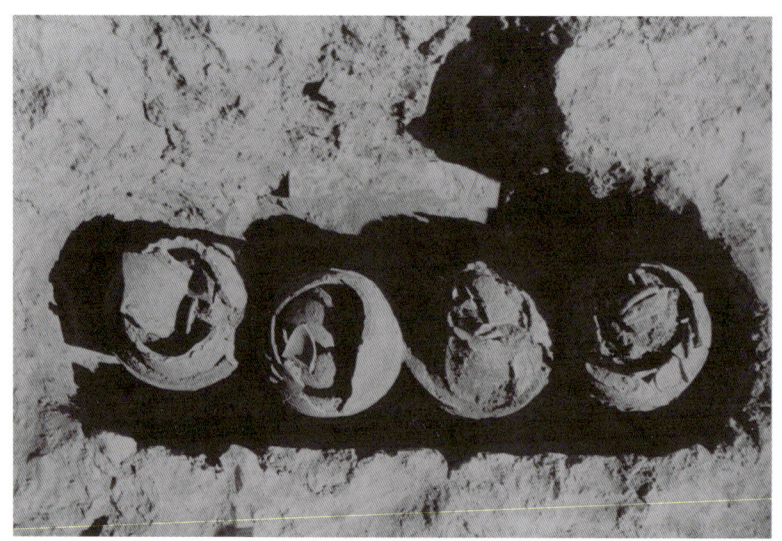

3. HZM192

4. HZM209

多人合葬

彩版九

1.HZM190∶1

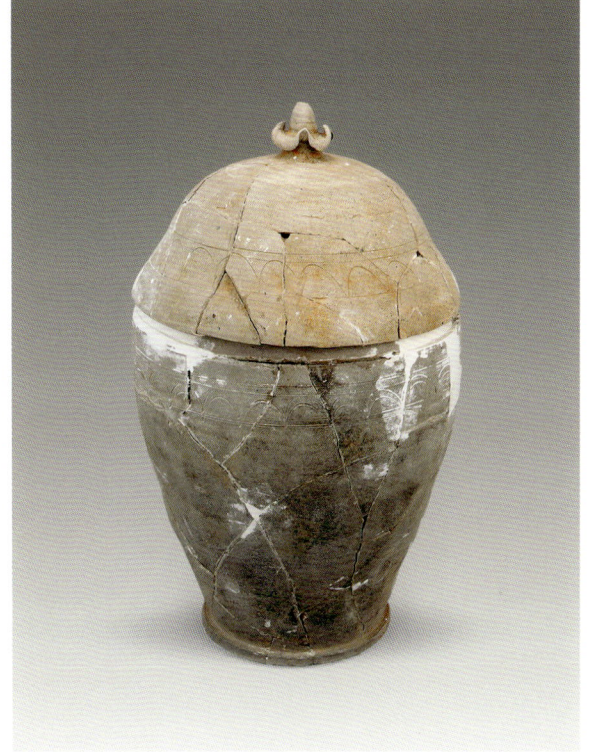

2.HZM145∶1　　　　　　　　3.HZM220∶1

Aa 型陶外罐

彩版一〇

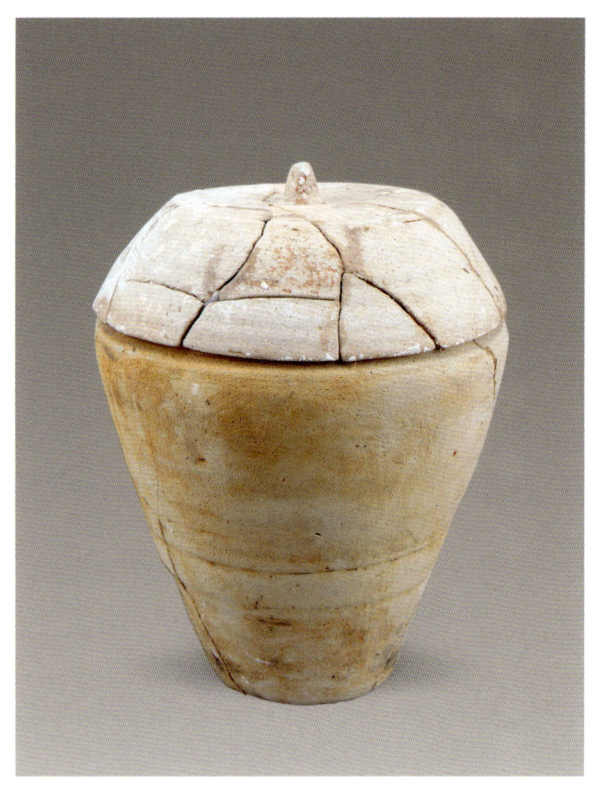

1. Ab 型（HZM197：1：1）

2. Ab 型（HZM216：1）

3. Ac 型（HZM20：1）

Ab、Ac 型陶外罐

彩版一一

1. Ba 型（HZM167∶1∶1）

2. Bb 型（HZM44∶1）

Ba、Bb 型陶外罐

彩版一二

1. Ca 型（HZM224∶1）

2. Cb 型（HZM96∶1）

3. Cb 型（HZM99∶1）

4. Cb 型（HZM107∶1）

5. Cb 型（HZM163∶1）

Ca、Cb 型陶外罐

1. HZM155 : 2 : 1　　　　　　　　　2. HZM162 : 1

3. HZM207 : 2 : 1　　　　　　　　　4. HZM223 : 1

Da 型陶外罐

彩版一四

1. Db 型（HZM217：2：1）

2. Db 型（HZM217：3：1）

3. Db 型（HZM196：2：1）

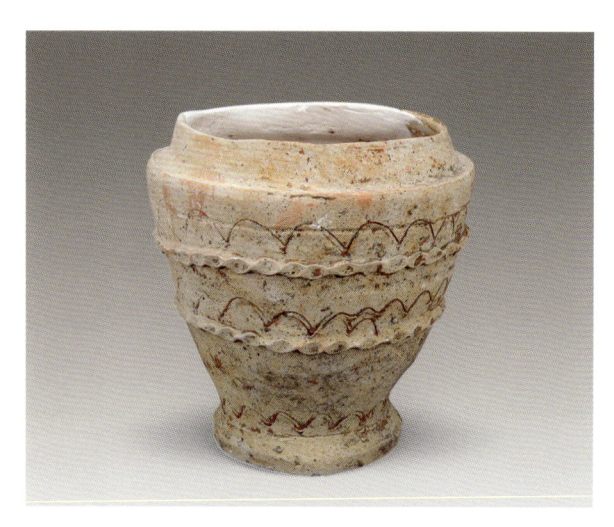

4. Dc 型（HZM103：1）

5. Dc 型（HZM128：4：1）

Db、Dc 型陶外罐

彩版一五

1. E 型（HZM79：1）

2. E 型（HZM204：1）

3. F 型（HZM157：1）　　　4. F 型（HZM179：4：1）

E、F 型陶外罐

彩版一六

1. Ga 型（HZM174 : 2 : 1）

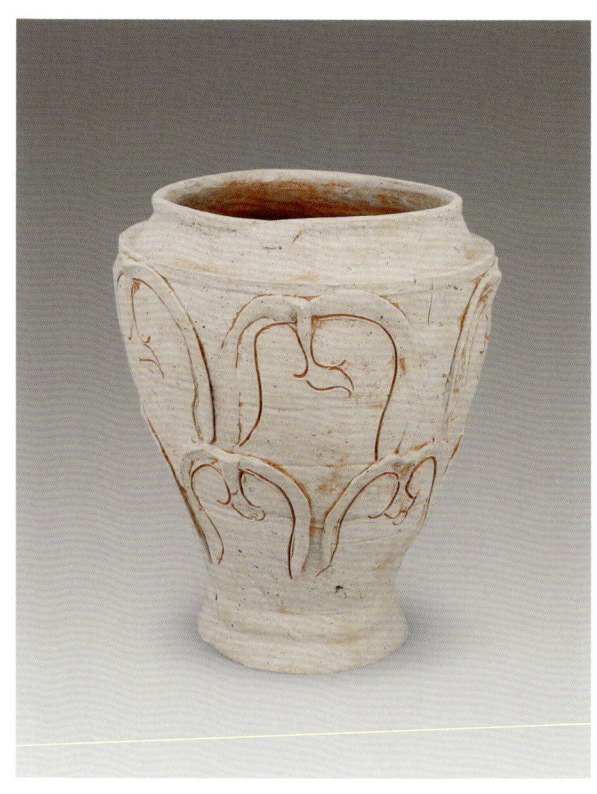

2. Gb 型（HZM192 : 1 : 1）

3. Gc 型（HZM81 : 1）

Ga、Gb、Gc 型陶外罐

彩版一七

1. Ⅱa 型（HZM194：2：1）

2. Ⅱb 型（HZM33：1）

3. Ⅰa 型（HZM176：2：1）

4. Ⅰa 型（HZM214：7：1）

5. Ⅰb 型（HZM102：1）

6. Ⅰb 型（HZM128：3：1）

Ⅱa、Ⅱb、Ⅰa、Ⅰb 型陶外罐

彩版一八

1. HZM187∶1

2. HZM181∶2∶1

Ic 型陶外罐

彩版一九

1. Ja 型（HZM134∶1）

2. Ja 型（HZM149∶1）　　　　3. Jb 型（HZM154∶2∶1）

Ja、Jb 型陶外罐

彩版二〇

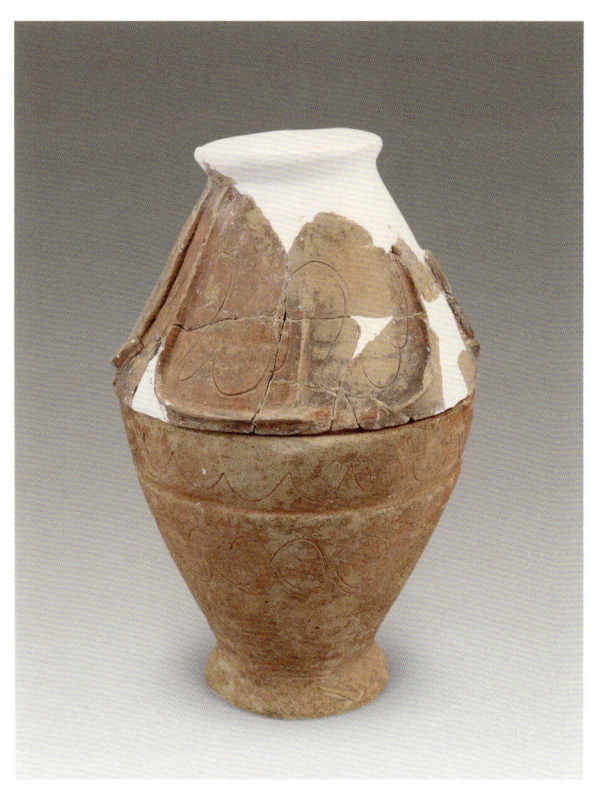

Ka 型陶外罐（一）

1. HZM141：5：1

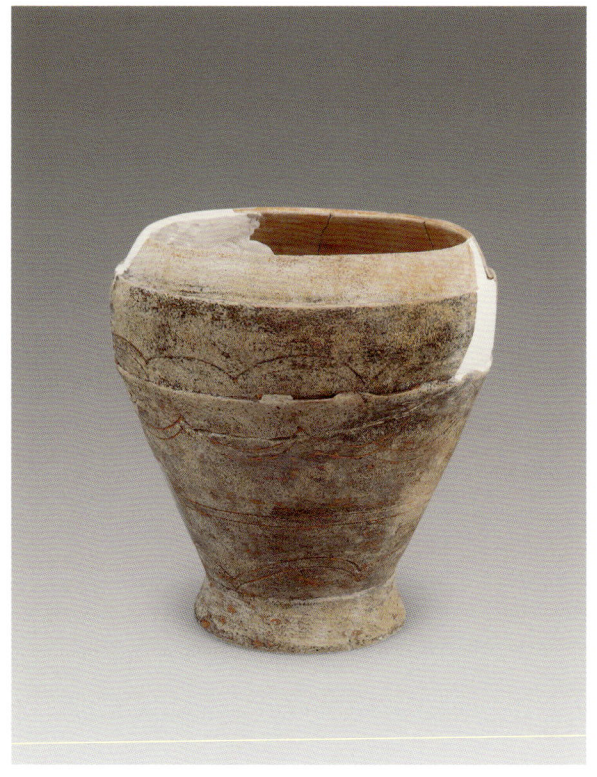

2. HZM141：1：1

3. HZM174：3：1

彩版二一

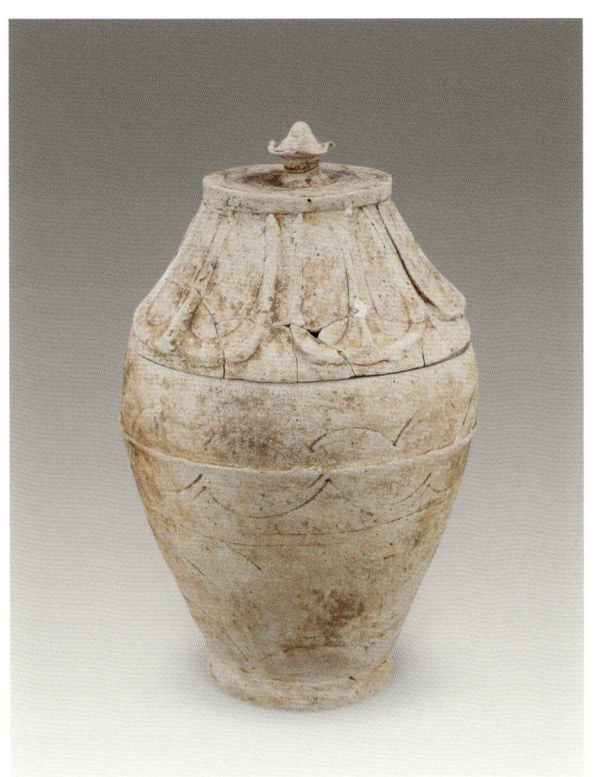

1. HZM179∶1∶1

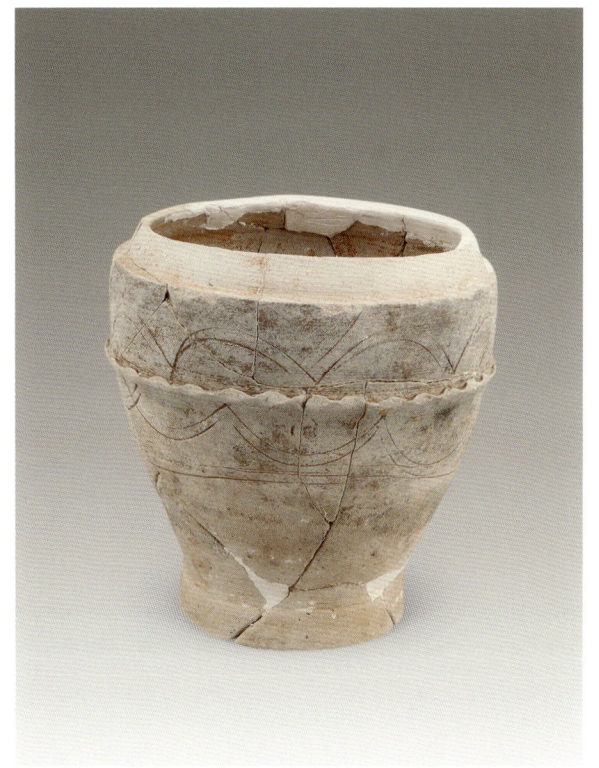

2. HZM181∶5　　　　　　　　3. HZM215∶5∶1

Ka 型陶外罐（二）

彩版二二

1. HZM167 : 2 : 1

2. HZM174 : 1 : 1

Kb 型陶外罐

彩版二三

1. Kc 型（HZM214∶3∶1）

2. L 型（HZM175∶1） 　　　　　3. M 型（HZM182∶1）

Kc、L、M 型陶外罐

彩版二四

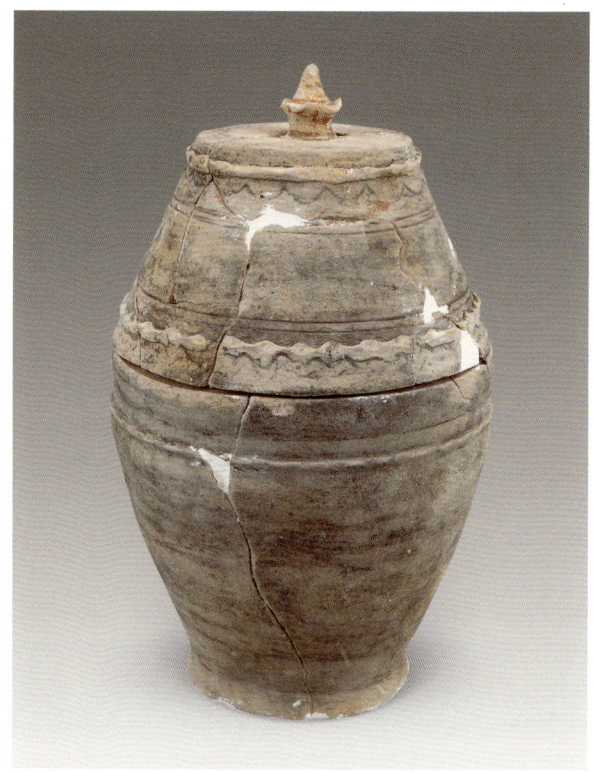

Na 型陶外罐

1. HZM179 : 2 : 1

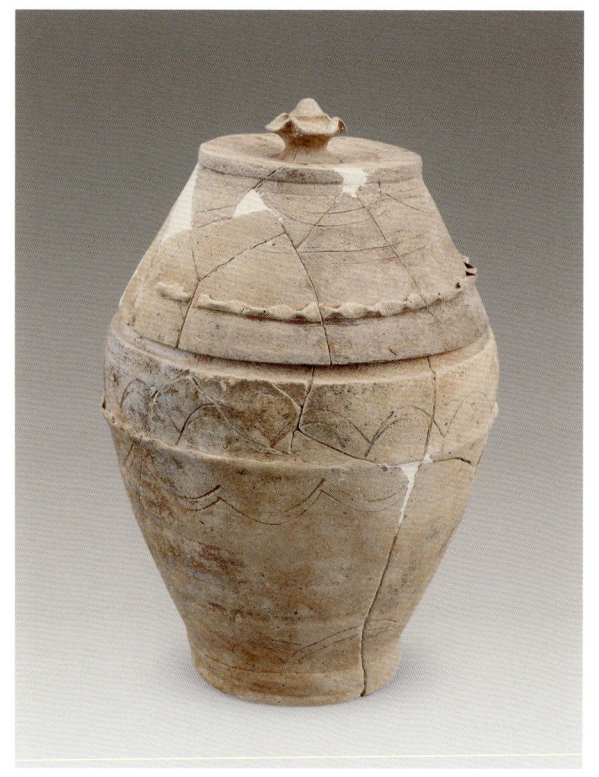

2. HZM183 : 2 : 1

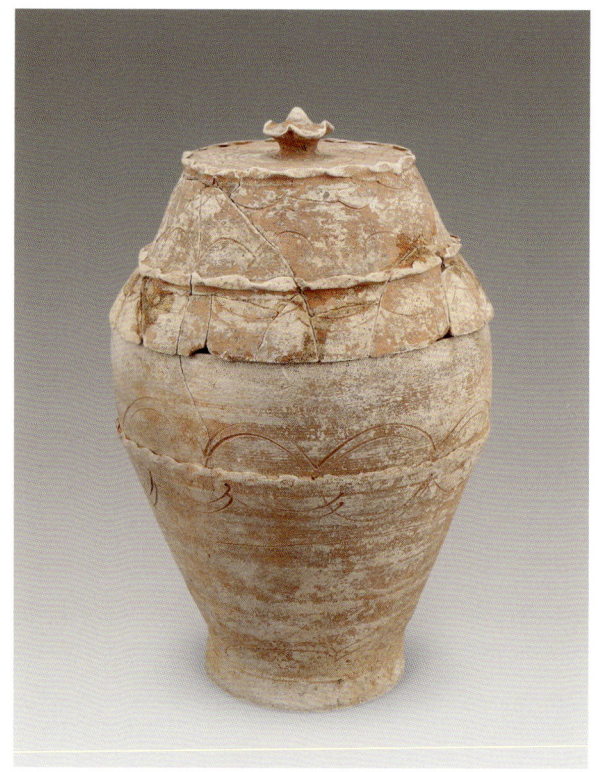

3. HZM215 : 3 : 1

4. HZM215 : 4 : 1

Na 型陶外罐

1. HZM120：1

2. HZM209：4：1

Nb 型陶外罐

彩版二六

1. HZM183∶1∶1

2. HZM192∶3∶1

3. HZM214∶2∶1

4. HZM214∶4∶1

Nc 型陶外罐

彩版二七

1. Oa 型（HZM200：1）

2. Oa 型（HZM208：1）

3. P 型（HZM209：2：1）

Oa、P 型陶外罐

彩版二八

1. Ob 型（HZM150：1：1）

2. Oc 型（HZM27：1）

3. Oc 型（HZM71：1）

4. Oc 型（HZM195：1）

Ob、Oc 型陶外罐

彩版二九

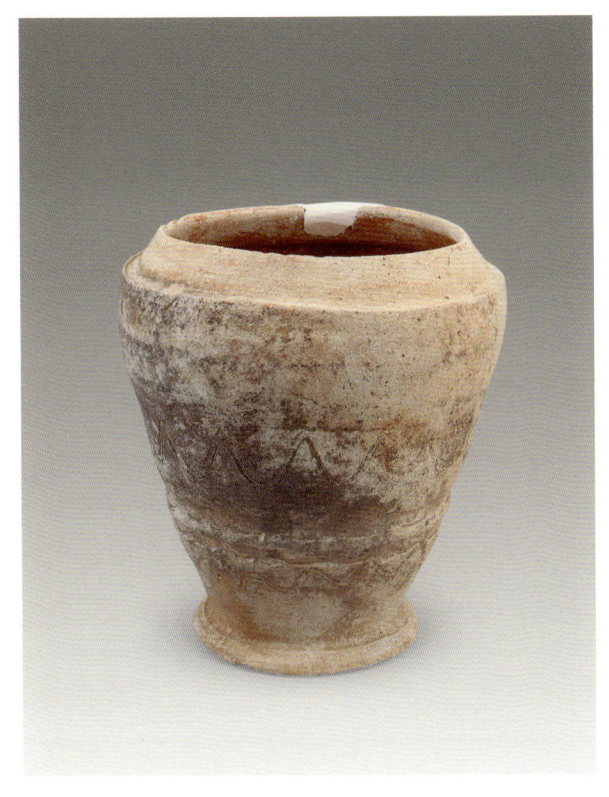

1. HZM46：1

2. HZM139：1：1

3. HZM155：1：1

4. HZM173：1

Qa 型陶外罐

彩版三〇

1. Qa 型（HZM58：1）

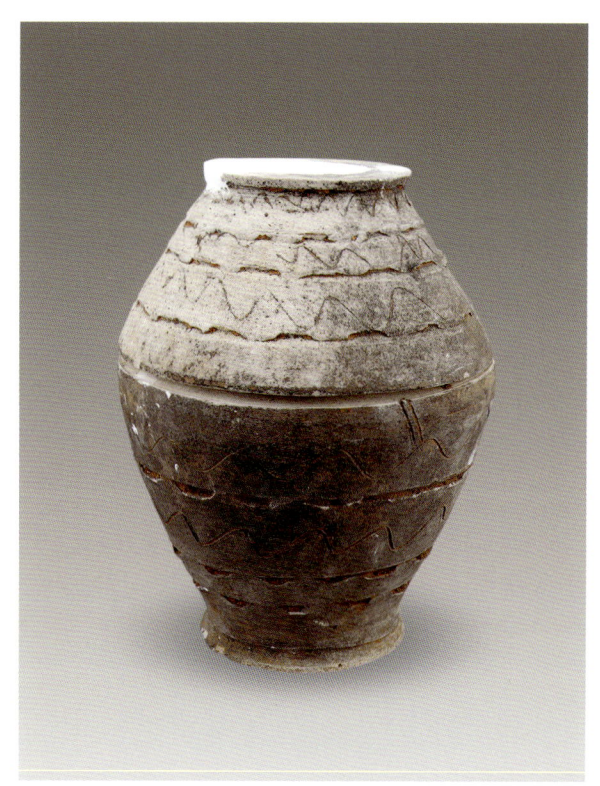

2. Qb 型（HZM75：1）

Qa、Qb 型陶外罐

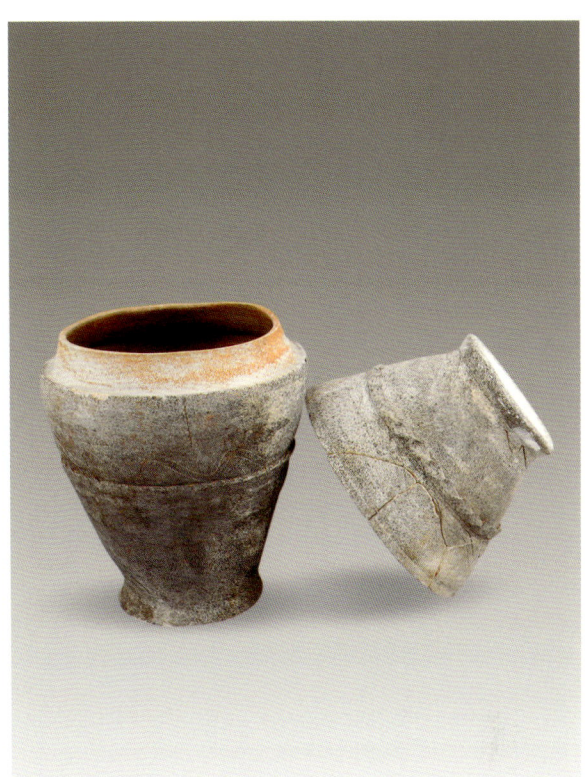

1. HZM210∶1

2. HZM106∶1   3. HZM137∶1

Ra 型陶外罐

彩版三二

1. HZM43：1

2. HZM45：1

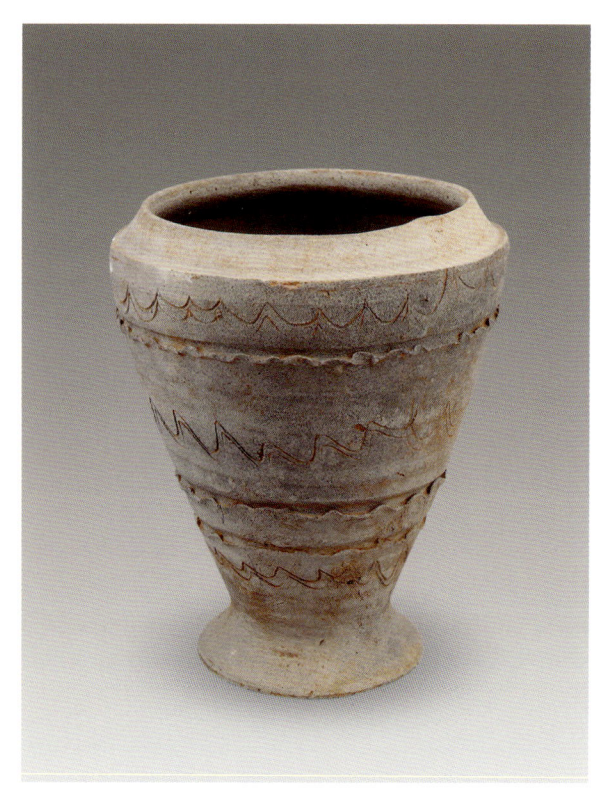

3. HZM49：1

4. HZM121：1

Rb 型陶外罐

彩版三三

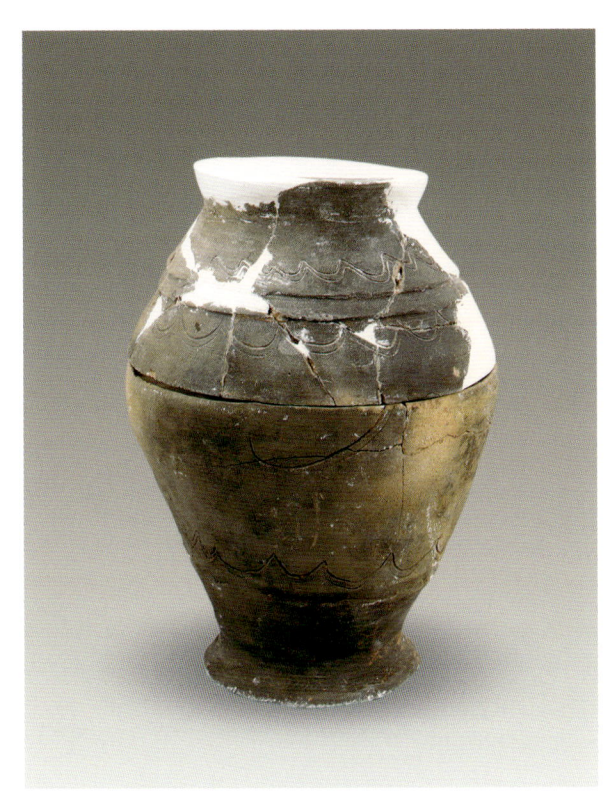

1. HZM35∶1

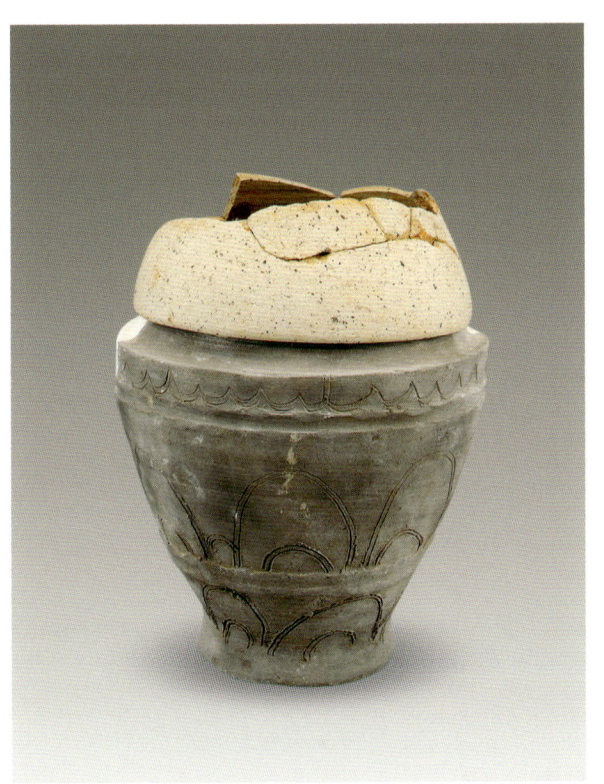

2. HZM127∶2∶1

S 型陶外罐

彩版三四

1. HZM54：1：1

2. HZM67：1

T 型陶外罐

彩版三五

1.Ⅴ型（HZM12：1）

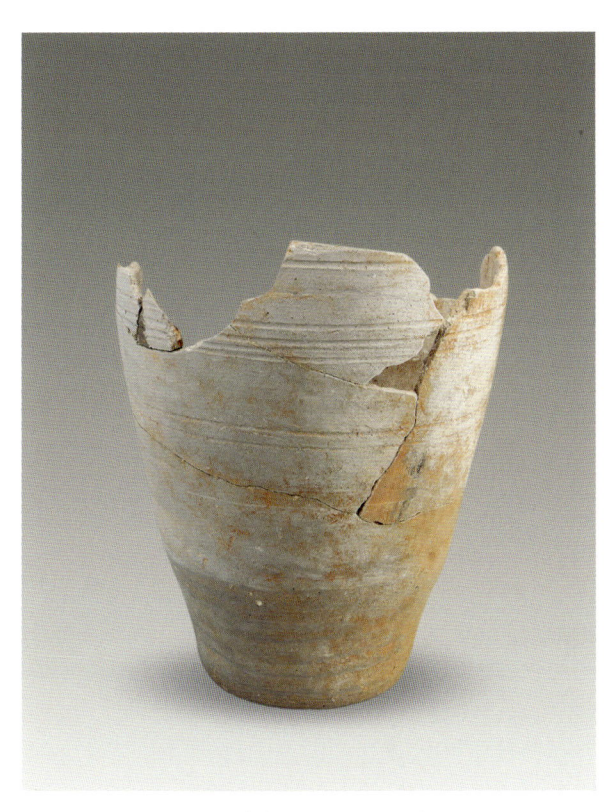

2.Ⅳ型（HZM156：1）

3.Ⅲ型（HZM87：1）

Ⅲ、Ⅴ、Ⅳ型陶外罐

彩版三六

Aa 型侈口陶内罐

1. HZM25∶2

2. HZM26∶2

3. HZM184∶2

4. HZM216∶2

5. HZM204∶2

Aa 型侈口陶内罐

彩版三七

1. HZM109:5

2. HZM116:2

3. HZM168:2

4. HZM170:2:2

5. HZM177:2

Ab 型侈口陶内罐

Ac 型侈口陶内罐（HZM90∶2）

彩版三九

1. Ba 型（HZM162∶2）

2. Cb 型（HZM127∶2∶2）

Ba、Cb 型侈口陶内罐

彩版四〇

1. HZM128∶1∶2

2. HZM155∶2∶2

3. HZM174∶1∶2

4. HZM174∶3∶2

5. HZM185∶1∶2

Bb 型侈口陶内罐

彩版四一

1. HZM54:2:2

2. HZM141:5:2

3. HZM141:1:2

4. HZM141:2:2

5. HZM141:4:2

Bc 型侈口陶内罐

彩版四二

1. HZM128 : 2 : 2

2. HZM128 : 3 : 2

3. HZM128 : 4 : 2

4. HZM149 : 2

5. HZM179 : 2 : 2

6. HZM215 : 2 : 2

Ca 型侈口陶内罐

彩版四三

1. HZM12∶2

2. HZM58∶2

3. HZM75∶2

4. HZM173∶2

Cc 型侈口陶内罐

彩版四四

1. HZM9∶4

2. HZM51∶2

3. HZM148∶2

4. HZM165∶1∶2

5. HZM206∶2

6. HZM217∶2∶2

Aa 型直口陶内罐

彩版四五

1. Ab 型（HZM187：2）

2. Ab 型（HZM214：7：2）

3. Ac 型（HZM129：1）

4. Ad 型（HZM192：1：2）

5. Ad 型（HZM194：2：2）

Ab、Ac、Ad 型直口陶内罐

彩版四六

Ae 型直口陶内罐（HZM175：2）

彩版四七

1.Ba 型（HZM61∶6∶2）

2.Ba 型（HZM134∶2）

3.Ba 型（HZM199∶2∶2）

4.Bb 型（HZM61∶5∶2）

5.Bb 型（HZM150∶1∶2）

Ba、Bb 型直口陶内罐

彩版四八

1. HZM20：2

2. HZM178：1：2

3. HZM185：2：2

4. HZM193：2：2

5. HZM195：2

6. HZM214：4：2

Aa 型敛口陶内罐

彩版四九

1. Ab 型（HZM101：2）

2. Ab 型（HZM129：2）

3. Ab 型（HZM208：2）

4. Ac 型（HZM105：2）

5. Ac 型（HZM174：2：2）

6. Ad 型（HZM120：2）

Ab、Ac、Ad 型敛口陶内罐

彩版五〇

1. Ba 型（HZM210：2）

2. Ba 型（HZM215：3：2）

3. Ba 型（HZM215：4：2）

4. Ba 型（HZM215：5：2）

5. Bb 型（HZM54：1：2）

6. Bb 型（HZM163：2）

Ba、Bb 型敛口陶内罐

1.HZM56：1

2.HZM66：1

Aa 型青花瓷罐（一）

彩版五二

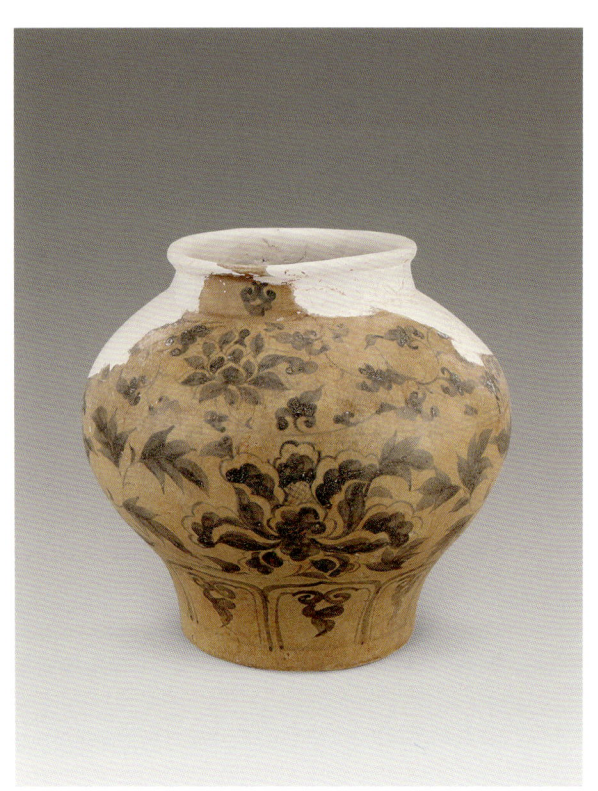

1.HZM115∶1

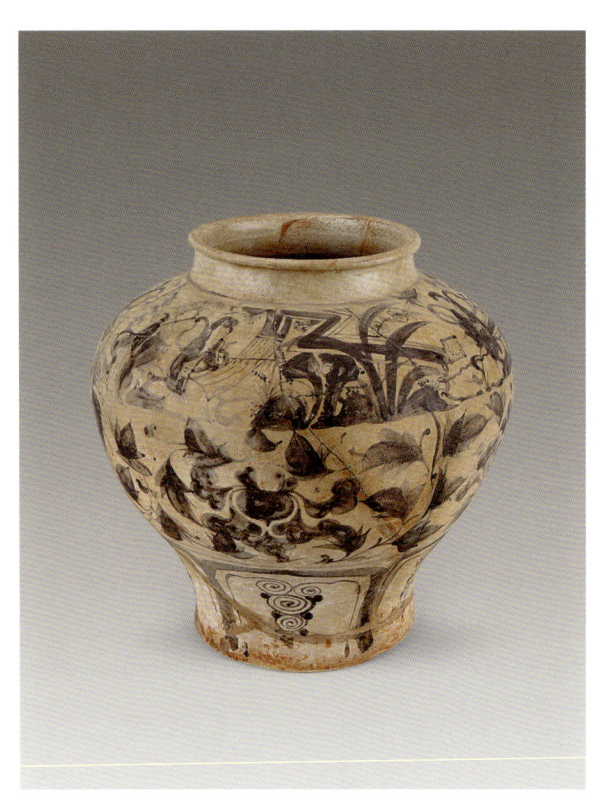

2.采∶7

Aa 型青花瓷罐（二）

1. Aa 型（HZM68∶1）

2. Ac 型（HZM62∶1）

Aa、Ac 型青花瓷罐

彩版五四

1. HZM18∶1

2. 采∶6

Ab 型青花瓷罐

彩版五五

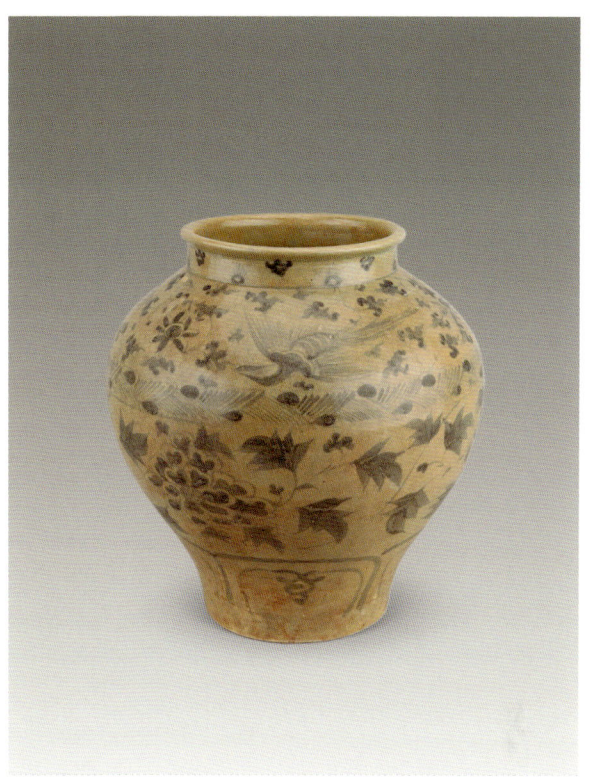

1. HZM78：1

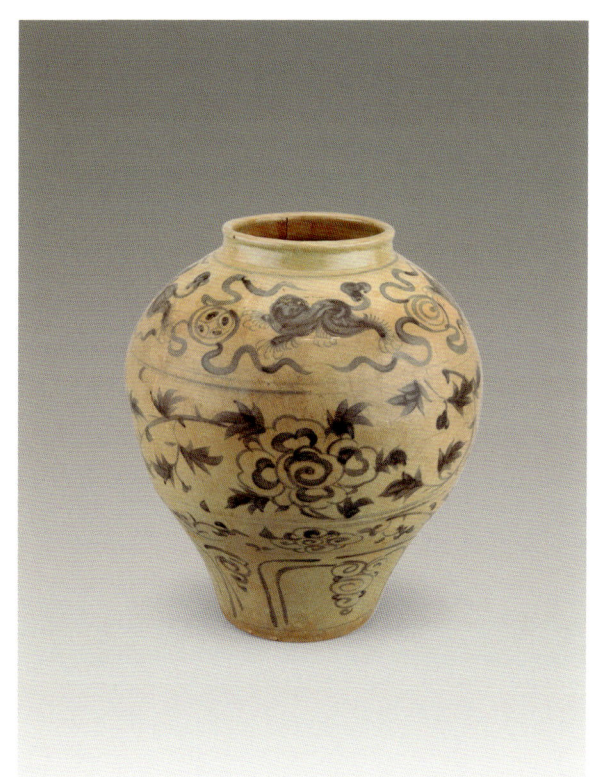

2. 采：8

B 型青花瓷罐

彩版五六

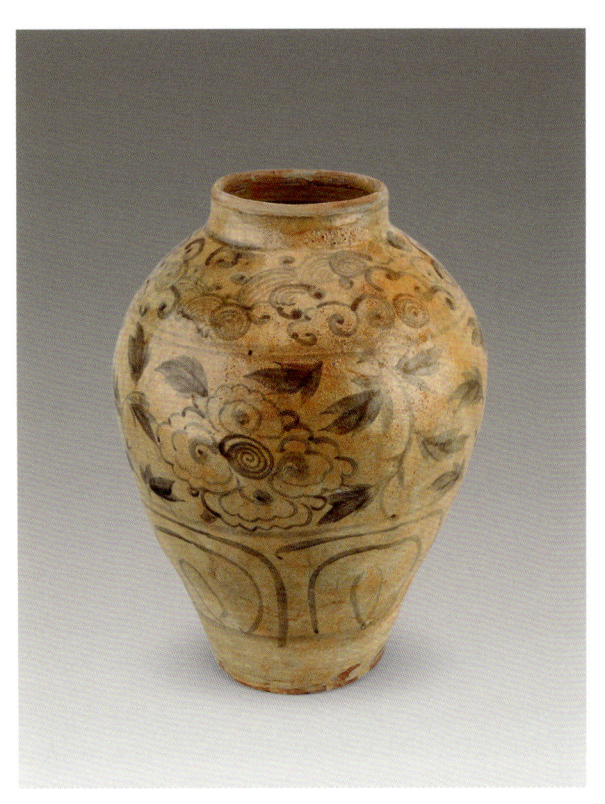

1. C 型（HZM226：1）

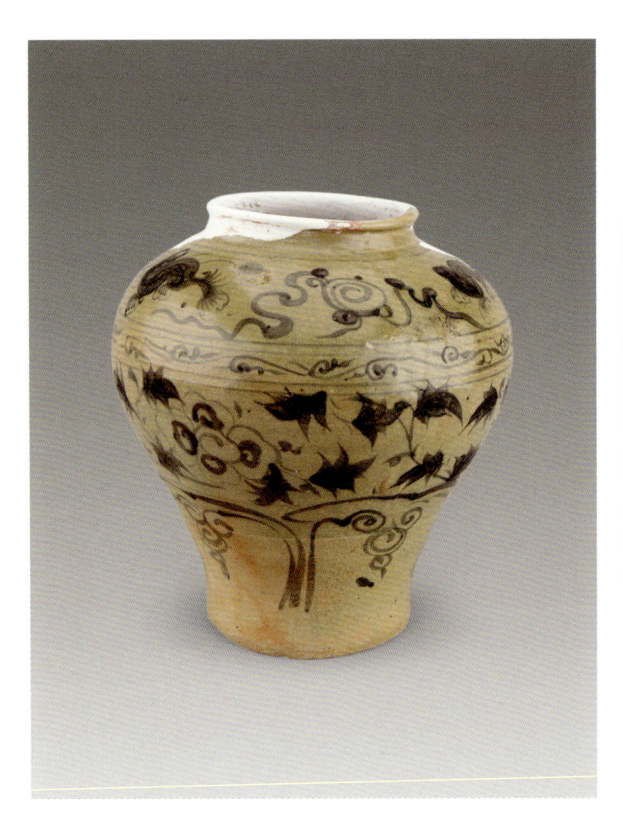

2. D 型（采：10）

C、D 型青花瓷罐

彩版五七

1. B 型（HZM69：2）

2. Aa 型（HZM15：1）

3. C 型（HZM65：2）

4. C 型（HZM21：2）

Aa、B、C 型青釉瓷罐

彩版五八

1.HZM21∶1

2.HZM65∶1

Ab 型青釉瓷罐（一）

彩版五九

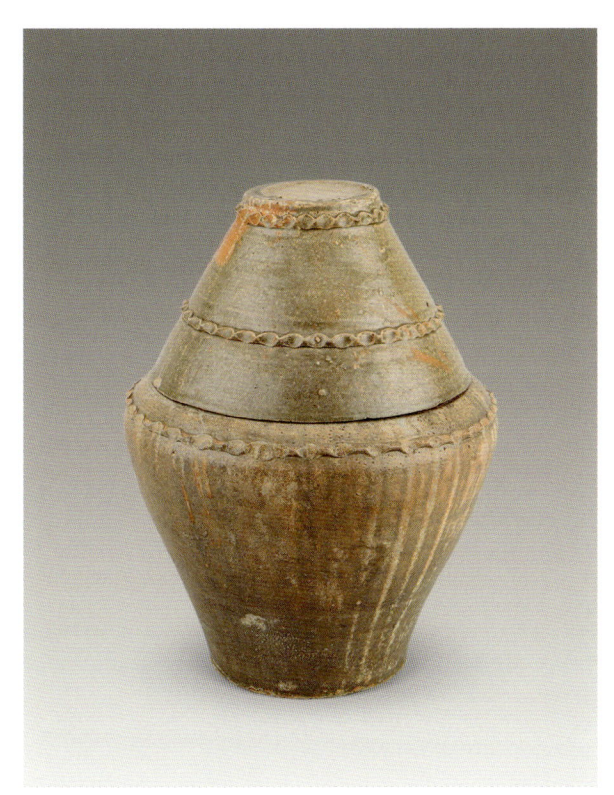

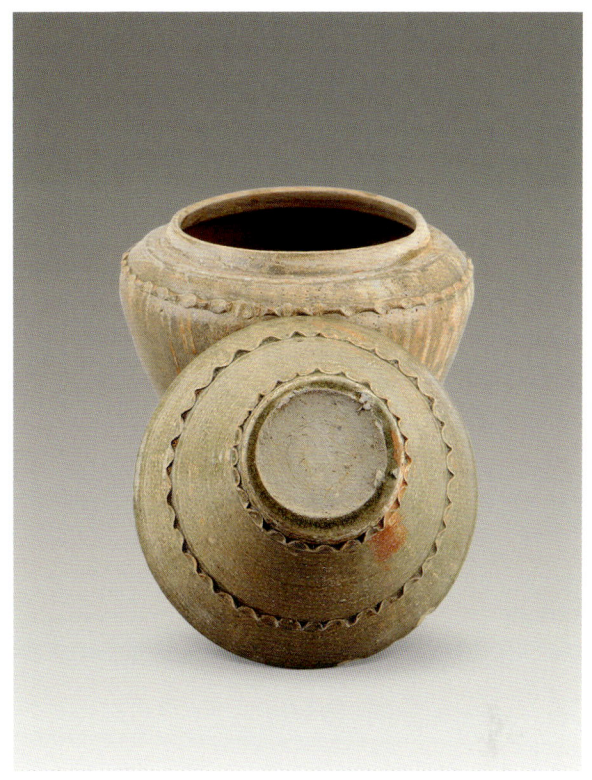

1. HZM147∶1

2. 采∶3

Ab 型青釉瓷罐（二）

彩版六〇

1. A 型（采：11）

2. B 型（HZM18：2）

3. B 型（HZM56：2）

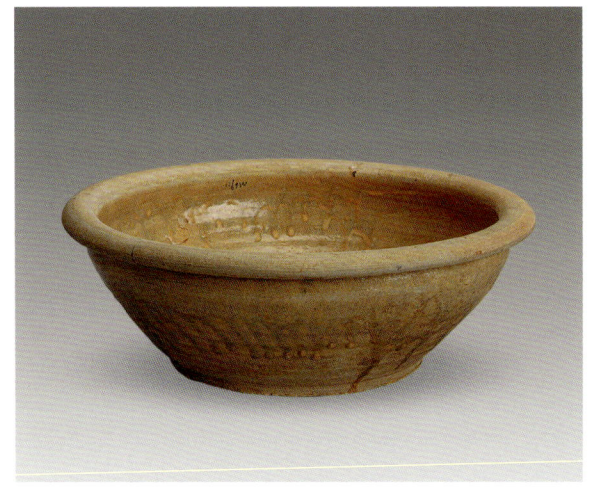

4. B 型（HZM69：1）

5. C 型（采：5）

A、B、C 型青釉瓷钵

彩版六一

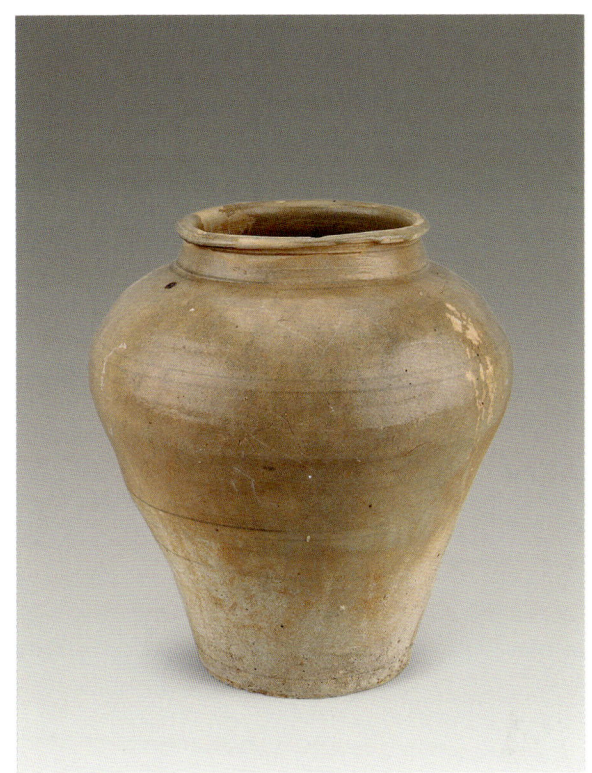

1. A 型（HZM40∶1）　　　　　　　　2. B 型（采∶4）

3. A 型（HZM40∶1）

A、B 型青釉瓷瓮

彩版六二

1. 采：12

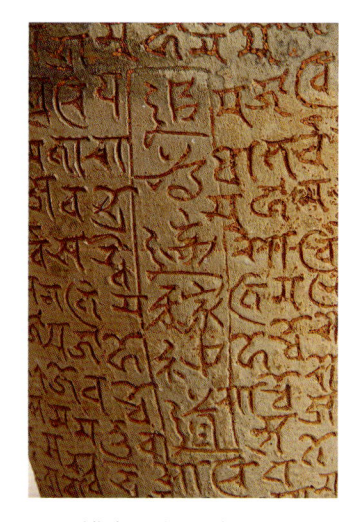

2. 罐身文字（采：12）

3. 罐底梵文（采：12）

4. 罐底符箓（采：13）

5. 采：13

6. 采：14

采集陶罐

彩版六三

1. 釉陶杯（HZM226∶5）

2. 釉陶罐（左：HZM226∶3；右：HZM226∶2）

3. 釉陶瓶（左：HZM226∶6；右：HZM226∶4）

4. A 型陶龟（HZM65∶3）

5. A 型陶龟（HZM163∶4）

6. B 型陶龟（HZM61∶16）

随葬釉陶器、陶器

彩版六四

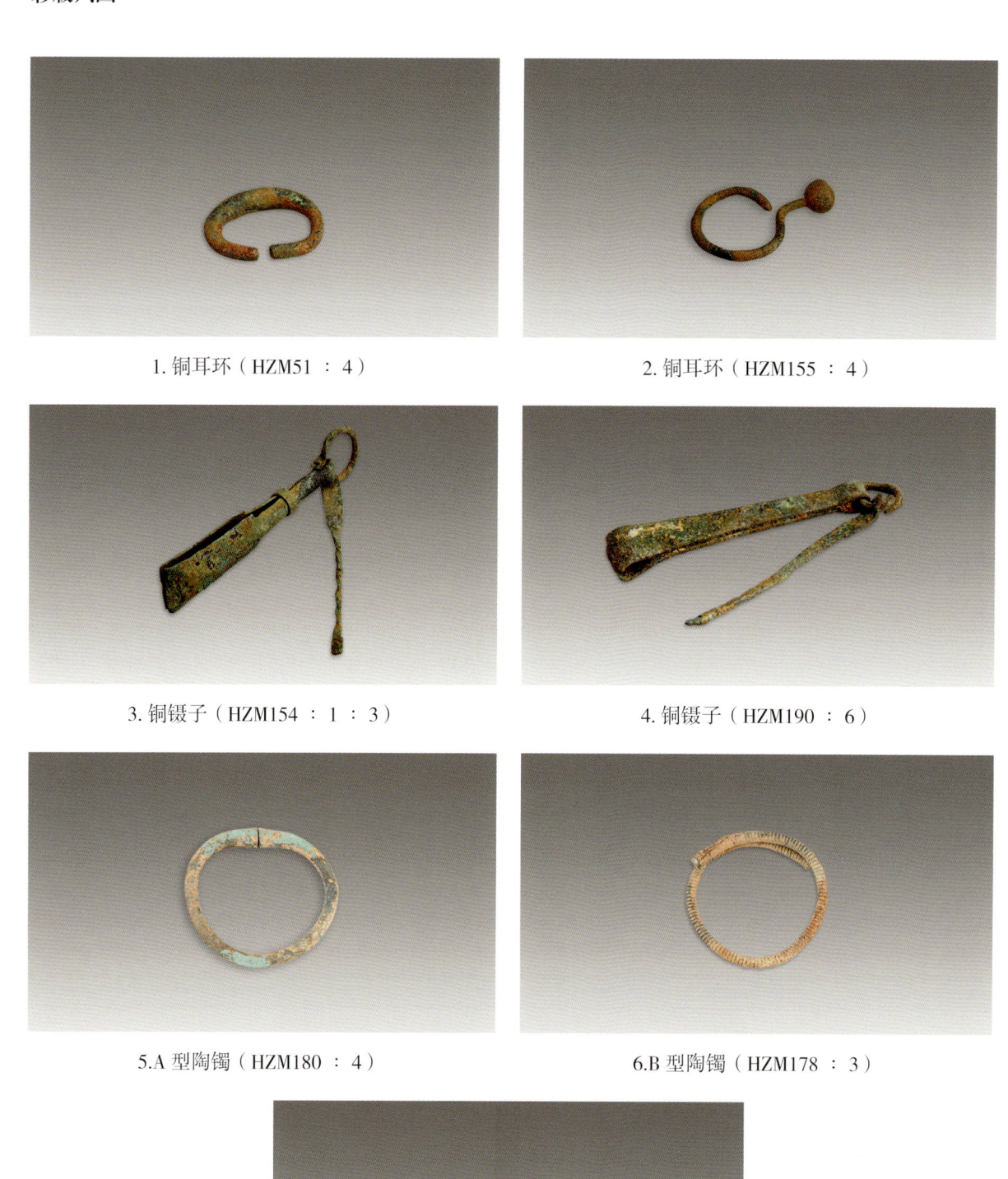

1. 铜耳环（HZM51：4）

2. 铜耳环（HZM155：4）

3. 铜镊子（HZM154：1：3）

4. 铜镊子（HZM190：6）

5. A 型陶镯（HZM180：4）

6. B 型陶镯（HZM178：3）

7. C 型陶镯（HZM43：3）

随葬铜器

1. A 型铜法轮（HZM61∶25）
2. A 型铜法轮（HZM67∶6） 
3. A 型铜法轮（HZM104∶4） 
4. A 型铜法轮（HZM157∶6） 
5. A 型铜法轮（HZM189∶6） 
6. A 型铜法轮（HZM215∶6） 
7. B 型铜法轮（HZM137∶4） 

随葬铜法轮饰

彩版六六

1. A 型铜片（HZM18∶3）

2. A 型铜片（HZM147∶3∶2）

3. B 型铜片（HZM157∶4∶1）

4. C 型铜片（HZM46∶3）

5. C 型铜片（HZM58∶4）

6. C 型铜片（HZM147∶3∶1）

随葬铜片（一）

彩版六七

1. D 型铜片（HZM157∶4∶3）

2. D 型铜片（HZM220∶3）

3. E 型铜片（HZM96∶5）

4. E 型铜片（HZM157∶4∶2）

5. E 型铜片（HZM190∶3）

6. E 型铜片（HZM194∶3）

随葬铜片（二）

彩版六八

1. 铜钱（HZM164：5）

2. 铜钱（HZM184：4）

3. 铜钱（HZM223：3）

4. 铁片（HZM197：5）

5. 银片（HZM115：3：2）

6. 银片（HZM115：3：3）

7. 银片（HZM190：7）

随葬铜钱、铁片、银片

彩版六九

1. 玛瑙珠（HZM135：5）

2. 玛瑙珠（左：HZM215：2：5；右：HZM90：4）

3. A 型料珠（HZM20：3）

4. 料管（HZM90：3）

5. B 型料珠（HZM197：4：1）

6. B 型料珠（HZM194：4：2）

随葬玛瑙珠、料珠、料管

彩版七〇

1. 海贝（HZM147：4）

2. 药材（HZM179：8）

3. 松子（HZM179：9）

4. 稻谷（HZM179：10）

5. 烧骨（HZM162：1）

6. 烧骨（HZM179：7）

随葬品与烧骨